Serie  Enter

El camino facil a

# Word 7.0 para Windows 95

**MARCO ANTONIO TIZNADO SANTANA**

Revisión técnica
ORLANDO HERNANDEZ VASQUEZ
Ingeniero mecánico
Universidad de América

## McGRAW-HILL

**Santafé de Bogotá ● Buenos Aires ● Caracas ● Guatemala
Lisboa ● Madrid ● México ● Nueva York ● Panamá
San Juan ● Santiago de Chile ● Sao Paulo**
Auckland ● Hamburgo ● Londres ● Milán ● Montreal
Nueva Delhi ● París ● San Francisco ● San Luis ● Sidney
Singapur ● Tokio ● Toronto

**Serie Enter Word 7.0 para Windows 95**

DERECHOS RESERVADOS. Copyright © 1996,
por Marco Antonio Tiznado Santana
Copyright © 1996, por McGraw-Hill Interamericana S. A.
Avenida de las Américas No. 46-41, Santafé de Bogotá, D. C., Colombia

Editora: Luz M. Rodríguez A.

1234567890                                        9012345786

ISBN: 958-600-508-9
(ISBN: 958-600-345-0. Obra completa)

Impreso en Colombia                      Printed in Colombia

Se imprimieron 18.730 ejemplares en el mes de marzo de 1996

Impresor D´vinni Editorial Ltda.

## CAPÍTULO 5

### La regla y formatos automáticos    93

## CAPÍTULO 6

### Impresión de un documento    111

## CAPÍTULO 7

### Creación y aplicación de estilos    125

## CAPÍTULO 8

## CAPÍTULO 9

## CAPÍTULO 10

## CAPÍTULO 11

### Imágenes y dibujos 211

## CAPÍTULO 12

### Símbolos, caracteres y efectos especiales 225

## CAPÍTULO 13

## APÉNDICE

## ÍNDICE

Este libro, **Word 7.0 para Windows 95**, explica de manera clara y sencilla, los conceptos necesarios para adquirir rapidez y destreza en el manejo de uno de los procesadores de textos más usados en todo el mundo.

Su estructura y organización permite que las consultas a las inquietudes se hagan de manera ágil y práctica; con ayudas didácticas como diagramas, ilustraciones y ejemplos que dan una visión clara del tema.

El texto consta de 13 capítulos: en los primeros se describe el entorno de trabajo de Word 7.0, las herramientas con las que cuenta, así como los pasos necesarios para crear documentos. En secciones posteriores se explica cómo crear tablas, gráficos, macros, textos especiales e insertar imágenes y dibujos. En la parte final del libro se encuentra una referencia rápida de cada uno de los botones de las barras de herramientas de la siguiente forma:

**Negrita**
**Formato, Fuentes...**
**Ctrl + N**
Aplica el atributo de negrita al texto seleccionado.

Este libro tiene los siguientes elementos que facilitan la lectura y comprensión de los temas:

**abl**

Campo con texto

Cuando aparece un botón al lado de un paso significa que dicha acción puede ejecutarse presionando el botón.

Los ojos indican que hay una explicación más detallada acerca de un tema.

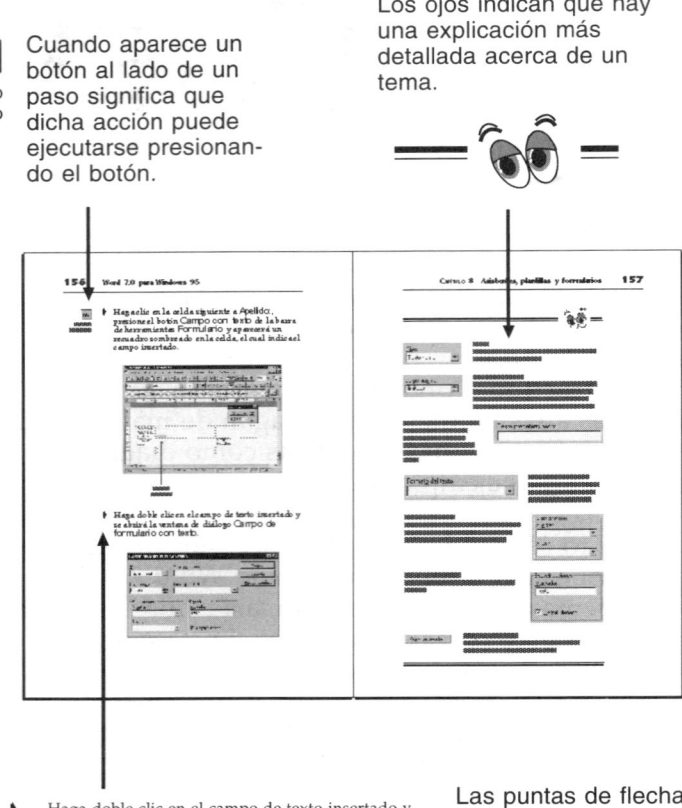

▸ Haga doble clic en el campo de texto insertado y se abrirá la ventana de diálogo **Campo de formulario con texto**.

Las puntas de flechas indican que debe seguir una secuencia (pasos) para ejecutar determinada tarea.

El disquete incluye algunos archivos que se tomarán como base para complementar la explicación de los temas tratados en el libro. Para instalar estos archivos siga estos pasos:

◗ Entre Windows 95.

◗ Presione el botón **Inicio**.

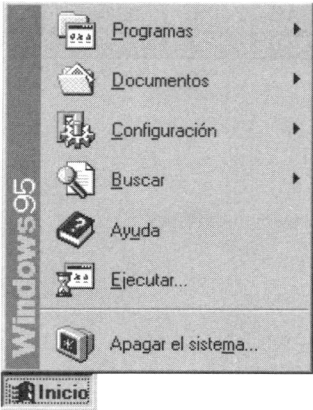

◗ Seleccione **Ejecutar...** y aparece el siguiente cuadro de diálogo:

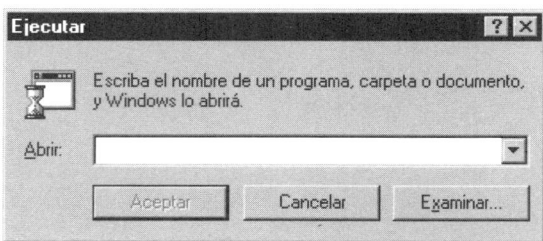

◗ Escriba A:Instalar o B:Instalar y presione el botón **Aceptar**.

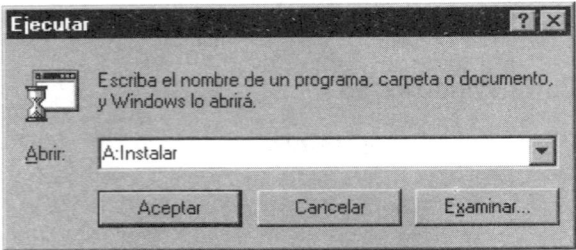

# Comenzar con Word 7.0

Word 7.0 le permite crear casi cualquier tipo de documento como cartas, informes, tablas, gráficos, dibujos, etc. Pero quizás lo más importante es que puede realizar esta tarea de una manera fácil y rápida.

Para poner en marcha Word 7.0 siga los siguientes pasos:

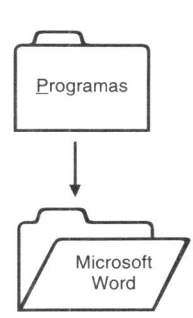

ç Pulse el botón **Inicio**, escoja la opción **Progra-mas** y seleccione **Microsoft Word**; el menú debe verse como el siguiente:

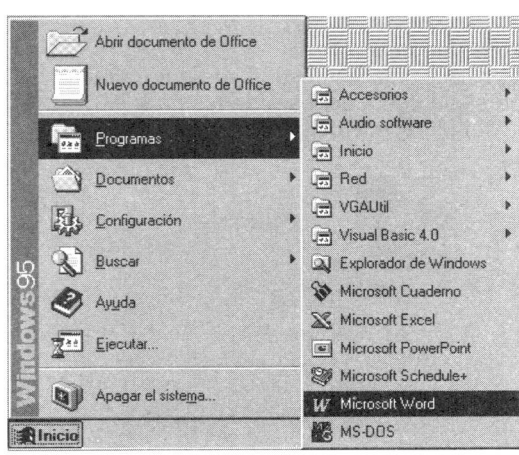

ç Haga clic en **Microsoft Word** y se visualizará la siguiente ventana:

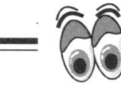

Menú de control del área de trabajo

Cuadro del Asistente para ideas

Punto de inserción

Menú de control

Barra de título

Botón Minimizar

Botón Maximizar/Restaurar

Botón Cerrar

Barra de menús

Botón Más ayuda

Barras de herramientas

Regla

**Menú de control**
Al seleccionar este icono se abre un menú de persiana con algunas órdenes para el control de toda la ventana de **Word 7.0**.

Restaurar
Mover
Tamaño
Minimizar
Maximizar

Cerrar    ALT+F4

**Menú de control del área de trabajo**
Al igual que el menú de control, éste abre un menú de
persiana con órdenes para controlar el área de trabajo
de **Word 7.0**.

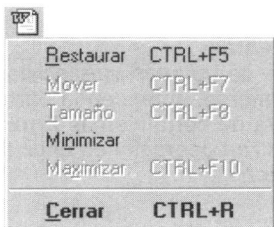

**Barra de menús**
En esta barra se encuentran los menús de persiana con todas
las alternativas de las órdenes que ofrece **Word 7.0**.

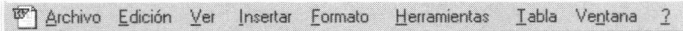

**Barra de título**
Aquí aparece el nombre del archivo de trabajo.

*W Microsoft* Word - Documento1

**Botón Minimizar**
Al pulsar este botón, la ventana de **Word 7.0** se reduce,
es decir, cambia al tamaño mínimo y queda representa-
da por un botón no activo en la barra de tareas de
**Windows 95**. Este botón equivale a la orden **Minimizar**
del **Menú de control**.

**Botón Maximizar**
Al pulsar este botón, la ventana de **Word 7.0** se
maximiza, es decir, cambia al tamaño máximo, ocupan-
do toda la pantalla. Este botón equivale a la orden
**Maximizar** del **Menú de control**.

**Botón Restaurar**
Este botón aparece luego de presionar el botón Maximizar y retorna la ventana a su tamaño normal.

**Botón Cerrar**
Este botón cierra la ventana de aplicación activa. Podrá realizar lo mismo seleccionando el icono de **Menú de control** y eligiendo la opción **C**errar, o pulsando la combinación de teclas **Alt + F4**.

**Barra de herramientas**
Contiene una serie de botones que facilitan la operación en el documento. Inicialmente, aparecen la barra de herramientas **Estándar** y la barra de herramientas **Formato**; algunos de estos botones realizan operaciones equivalentes a las opciones de los menús.

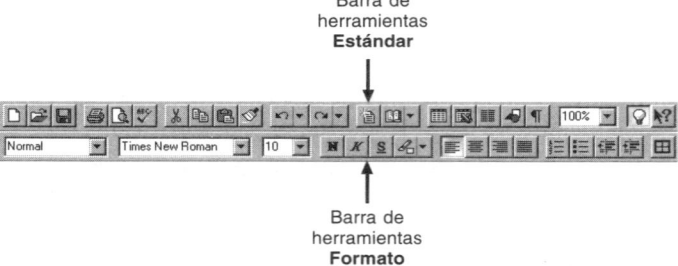

**Regla**
Permite ver y ajustar las márgenes y sangrías del documento.

**Cuadro del Asistente para ideas**
Proporciona ayudas prácticas y consejos para agilizar el trabajo.

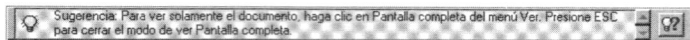

 **Más ayuda**
Obtiene más información acerca del mensaje actual del **Cuadro del Asistente para ideas**.

## Los menús

Para seleccionar una orden de alguno de los menús de persiana, simplemente haga clic sobre el menú que desea abrir; por ejemplo, si va a seleccionar la orden **Abrir...** del menú **Archivo** siga los siguientes pasos:

▶ Haga clic sobre el menú **Archivo** y se abrirá un menú de persiana:

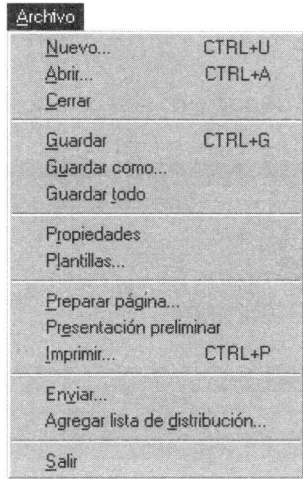

◆ Pulse la orden **Abrir...** y aparecerá la siguiente ventana:

◆ En la lista **Buscar en:** seleccione Dos (C:).

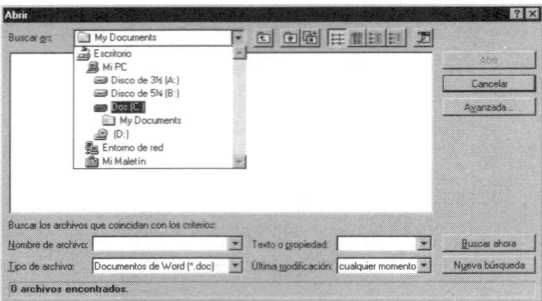

◆ Haga doble clic en la carpeta Ejemplos encontrada en el directorio raíz.

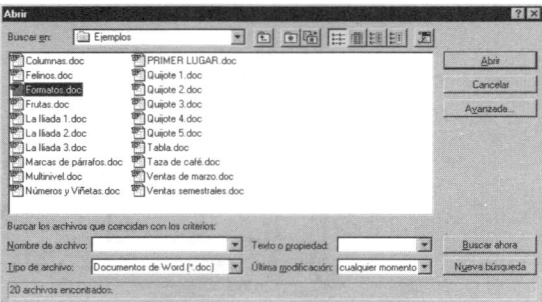

◗ Haga clic en el archivo La Ilíada 1.doc, presione el botón **Abrir** y la pantalla tendrá el siguiente aspecto:

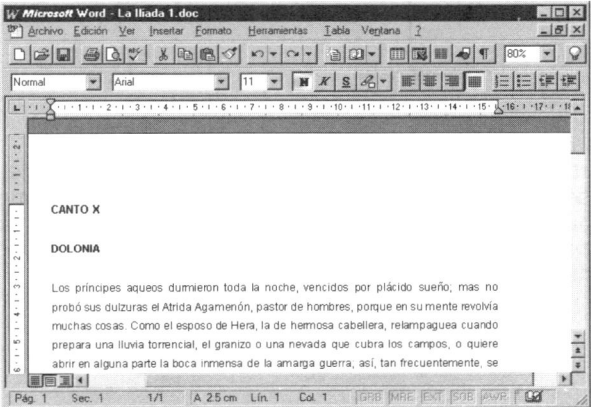

**Flechas de desplazamiento**
Estas flechas se emplean para moverse en determinada dirección del documento. Por ejemplo, si desea desplazarse sobre la página hacia abajo, simplemente pulse la flecha de desplazamiento correspondiente; de la misma manera puede desplazarse hacia derecha, izquierda o arriba.

**Cuadros de desplazamiento**
Estos botones se mueven sobre la barra de desplazamiento y sirven para desplazarse mayores distancias.

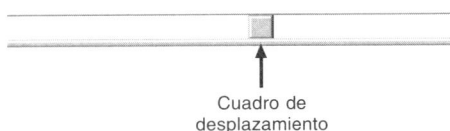

Cuadro de
desplazamiento

**Barra de estado**

Esta barra se divide en dos: **Área de mensajes** e **Indicador del teclado**.

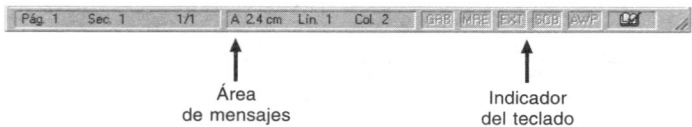

↑ Área de mensajes       ↑ Indicador del teclado

**Área de mensajes**

Muestra una serie de mensajes acerca de las operaciones que se están realizando; por ejemplo, si se está ejecutando alguna orden, muestra una pequeña descripción de lo que realiza; si está abierta una ventana de diálogo, muestra cómo obtener ayuda más detallada acerca de esa ventana.

**Indicador del teclado**

Muestra las teclas que están activadas en ese momento, si está en modo extendido, si está grabando una macro y si está activa la ayuda de WordPerfect, o si hay errores de ortografía.

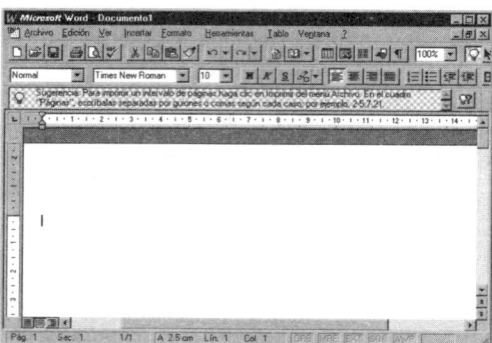

**Ventana del documento**

Representa una hoja de papel donde es posible introducir texto.

**Normal**
Muestra el documento con presentación de modo normal, en donde se visualizan la mayoría de los formatos y se realiza gran parte de los procesos de edición. También puede seleccionar la orden **Normal** del menú **Ver**.

**Diseño de página**
Cambia el modo de presentación a **Diseño de página** donde se ve la página tal como quedaría impresa. También puede seleccionar la orden **Diseño de página** del menú **Ver**.

**Esquema**
Permite crear un esquema para ver una estructura más global del documento. También puede seleccionar la orden **Esquema** del menú **Ver**.

## Los botones

Existen muchas operaciones que pueden realizarse de una manera más rápida a través de botones en vez de emplear los menús, por ejemplo, para abrir un archivo:

▶ En la barra de herramientas **Estándar** pulse el botón **Abrir**.

◗ Nótese que tendrá el mismo resultado que al emplear la orden **Abrir...** del menú **Archivo** y aparecerá el cuadro de diálogo **Abrir**.

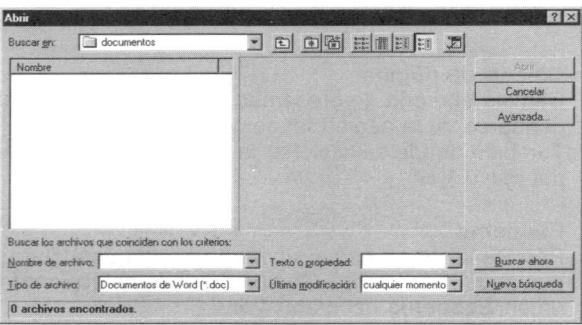

◗ Presione **Cancelar** para cerrar el cuadro.

### Las barras de herramientas

Las barras de herramientas son un conjunto de botones que facilitan las tareas con Word. Las principales barras son las siguientes:

- ☑ Estándar
- ☑ Formato
- ☑ Bordes
- ☑ Dibujo
- ☑ Base de Datos
- ☑ Formulario
- ☑ Microsoft
- ☑ Word para Windows 2.0
- ☑ Asistente para ideas

❯ Puede seleccionar las barras de herramientas que desea ver, eligiendo la orden **Barras de herra- mientas...** del menú **Ver**.

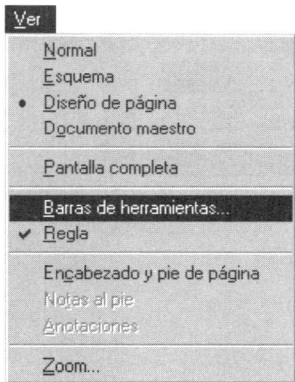

*Véase* el apéndice de este libro para obtener una explicación mas detallada de cada uno de los botones de las barras de herramientas.

❯ Seleccione las barras de herramientas que desea visualizar, por ejemplo, **Dibujo** y luego presione el botón **Aceptar**.

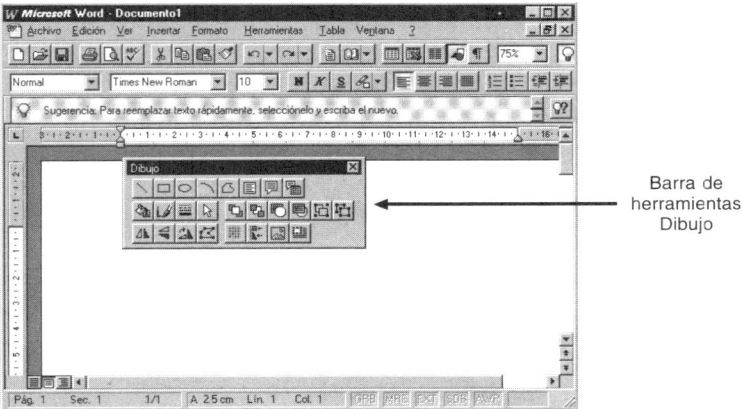

Barra de herramientas Dibujo

❯ Si pulsa el botón derecho del *mouse* sobre cualquier barra de herramientas aparecerá un menú colgante con el que podrá activar, desactivar y personalizar las barras.

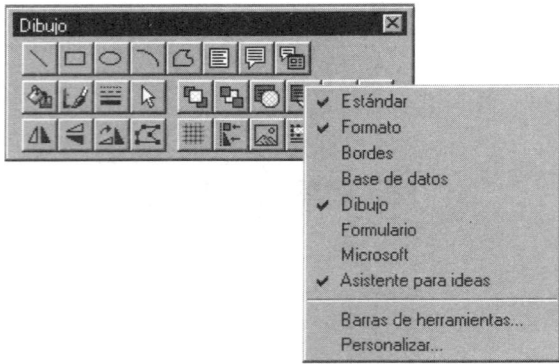

Nótese que las barras activas tienen el signo ✔ al lado izquierdo.

### El Asistente para ideas

Esta herramienta provee sugerencias para realizar las diferentes tareas de una manera más eficaz y rápida. Para activar el asistente siga los siguientes pasos:

Asistente
para ideas

❯ Pulse el botón **Asistente para ideas** de la barra de herramientas **Estándar**.

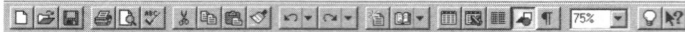

◗ ... y aparecerá el **Cuadro del Asistente para ideas** con el botón **Más ayuda**.

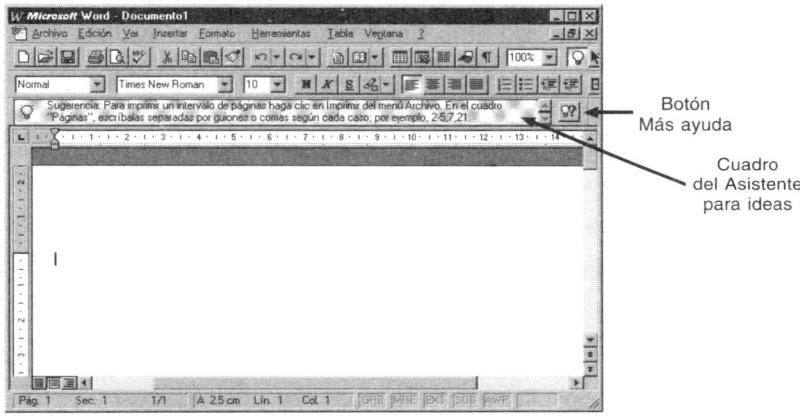

Botón
Más ayuda

Cuadro
del Asistente
para ideas

◗ Si requiere ayuda adicional pulse el botón **Más ayuda**, es posible que aparezca un cuadro como el siguiente:

Más ayuda

> Botón "Asistente para ideas" (barra de herramientas Estándar)
>
> Muestra u oculta el "Asistente para ideas", que proporciona sugerencias para realizar las tareas de forma más eficaz, y propone funciones nuevas y relacionadas con cada tarea. El "Asistente para ideas" también ofrece una sugerencia cada vez que se inicia Word. Utilice la flecha arriba y la flecha abajo, situadas a la derecha de la sugerencia, para desplazarse por las sugerencias relacionadas con el trabajo que haya realizado desde que inició la sesión de Word. Para obtener más información sobre una sugerencia, haga clic en

◗ Haga clic en cualquier parte para salir de esta ayuda.

Ayuda

## El botón Ayuda

Para obtener ayuda acerca de una orden o región de la pantalla, oprima el botón **Ayuda** de la barra de herramientas **Estándar** o pulse **Mayús + F1** y el puntero del *mouse* tendrá el siguiente aspecto:

▶ Luego, haga clic sobre la orden o tema específico y aparecerá un cuadro como el siguiente:

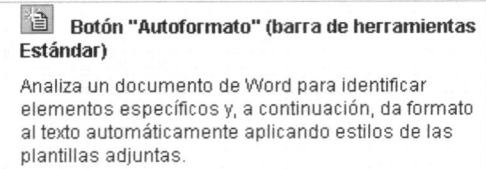

> **Botón "Autoformato" (barra de herramientas Estándar)**
>
> Analiza un documento de Word para identificar elementos específicos y, a continuación, da formato al texto automáticamente aplicando estilos de las plantillas adjuntas.

▶ Si requiere ayuda general sobre Word 7.0 pulse la tecla **F1** y aparecerá la ventana **Temas de ayuda: Microsoft Word**.

La ventana **Temas de Ayuda: Microsoft Word** está compuesta por cuatro fichas:

- ✘ **Contenido**
- ✘ **Índice**
- ✘ **Buscar**
- ✘ **Asistente para Ayuda**

  **Contenido**
Si hace clic en esta ficha el cuadro se verá como el siguiente:

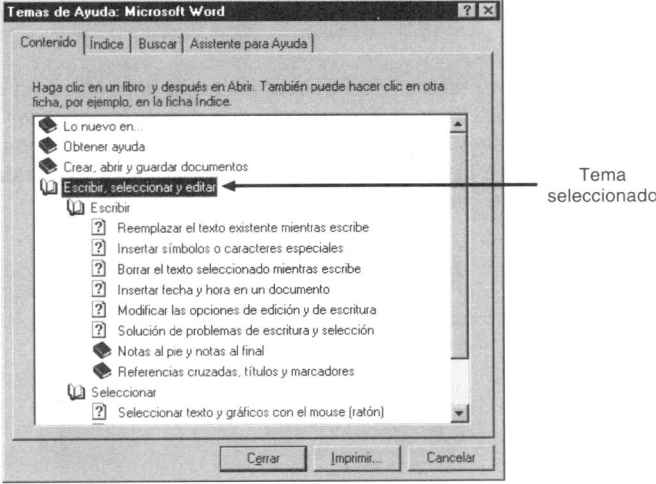

En esta ventana puede ver el contenido por temas de la ayuda de **Word 7.0**, haga doble clic en uno de los iconos para ver más temas.

**Índice**
Al presionar esta ficha el cuadro cambia al siguiente.

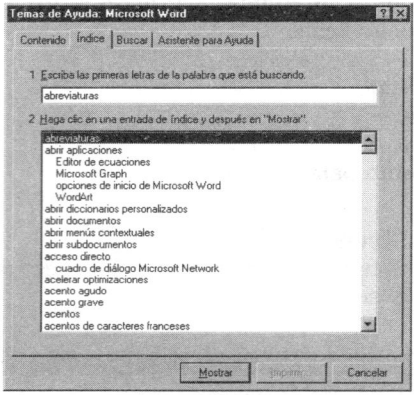

En esta ventana puede buscar un tema específico en orden alfabético. Utilice la barra de desplazamiento para ver el índice o escriba el tema que desea buscar en el recuadro **1. Escriba las primeras letras de la palabra que está buscando**, automáticamente se ubicará en el tema.

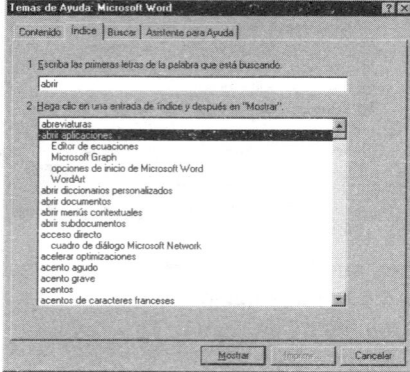

Presione el botón **Mostrar** para ver la ayuda.

 **Buscar**
Si presiona esta ficha aparecerá el siguiente cuadro:

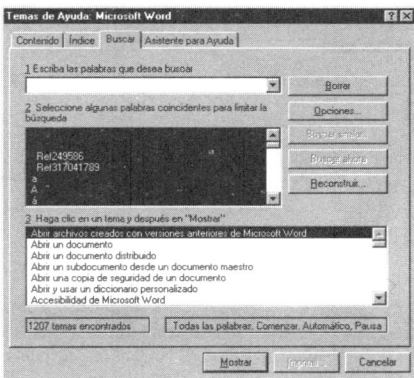

Este cuadro le permite hacer búsquedas de palabras y frases.
Escriba la palabra o frase que desea buscar en el cuadro **1**
**Escriba las palabras que desea buscar**. En el cuadro
siguiente aparece una lista de las palabras que coinciden.
Haga clic en el tema deseado y presione el botón **Mostrar**.

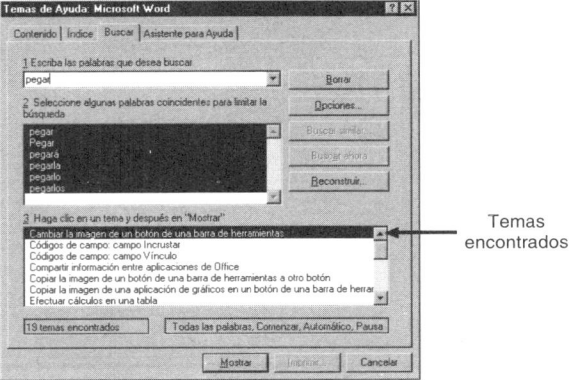

Temas
encontrados

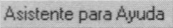     **Asistente para Ayuda**
Cambia el cuadro a la siguiente forma:

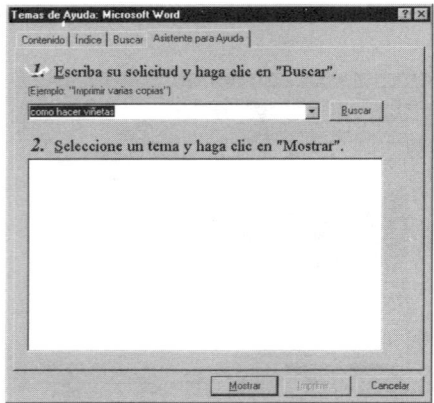

En este cuadro puede consultar la ayuda escribiendo con sus propias palabras una solicitud o pregunta; luego, presione el botón **Buscar** y Word buscará los temas asociados a la pregunta que hizo.

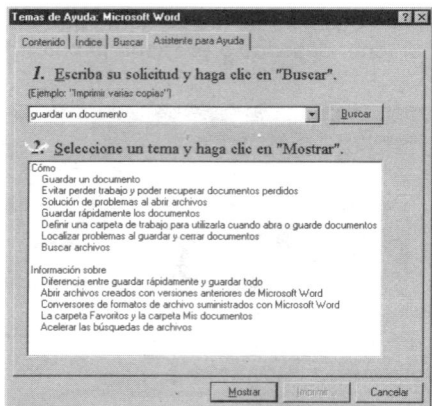

◗ Por ejemplo, para realizar una búsqueda por orden alfabético en la ayuda pulse la ficha **Índice** y la ventana cambiará ligeramente, como se muestra a continuación.

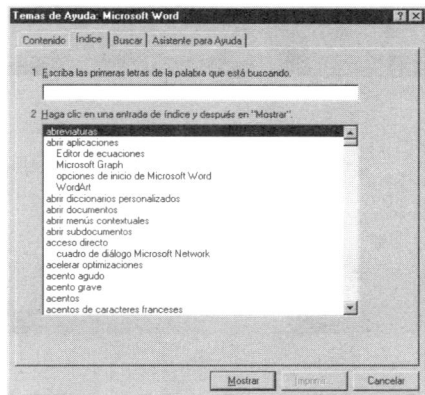

◗ En el campo **1 Escriba las primeras letras de la palabra que está buscando** digite el tema a buscar, por ejemplo, Mover.

Primeras letras de la frase

Temas encontrados

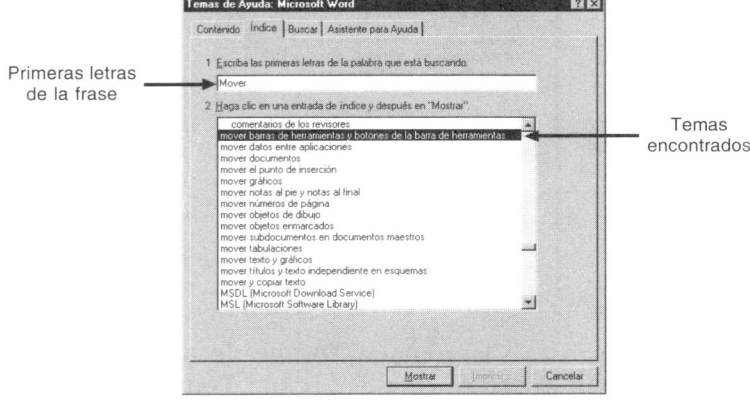

◗ Una vez encuentre el tema, pulse el botón **Mostrar** y aparecerá un cuadro **Temas encontrados**.

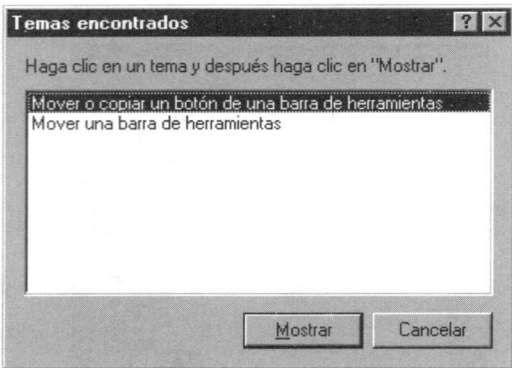

◗ Seleccione el tema y presione el botón **Mostrar**. Aparece la ventana con ayuda sobre el tema especificado.

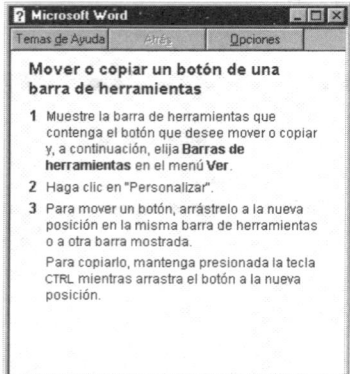

◗ Para regresar a la ventana **Temas de ayuda: Microsoft Word** presione el botón **Temas de ayuda**.

◗ Para salir de la ayuda pulse el botón **Cancelar**.

## Cómo salir de Word 7.0

Si hay un documento abierto elija primero la orden **Cerrar** del menú **Archivo**.

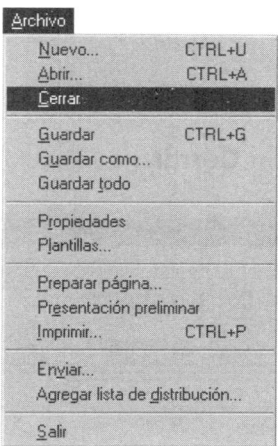

▶ Si no ha guardado cambios aparecerá un cuadro de mensaje como el siguiente:

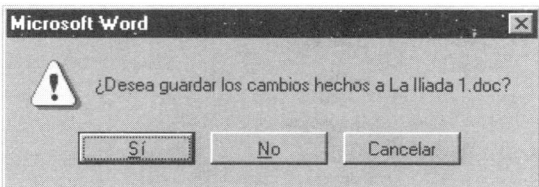

▶ Presione el botón **Sí** para guardar el documento.

Para salir totalmente de Word 7.0 puede utilizar cuatro maneras:

▶ Presionar las teclas **Alt + F4**.

▶ Seleccionar la opción **Cerrar** del menú de control.

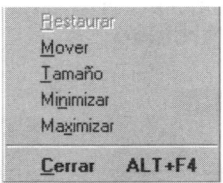

▶ Pulsar el botón **Cerrar**.

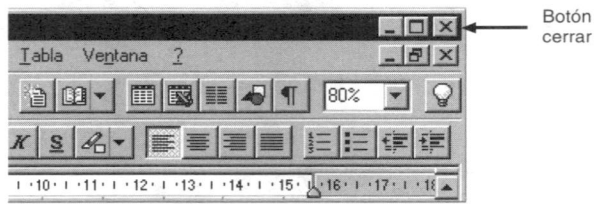

Botón
cerrar

▶ ... o escoger la orden **Salir** del menú **Archivo**.

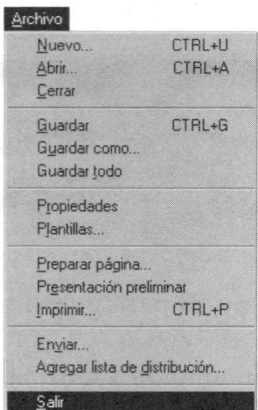

# Crear un documento

El propósito de crear un documento es comunicar determinado tipo de información en forma rápida y agradable. Ejemplo de un documento creado en Word 7.0 es el siguiente:

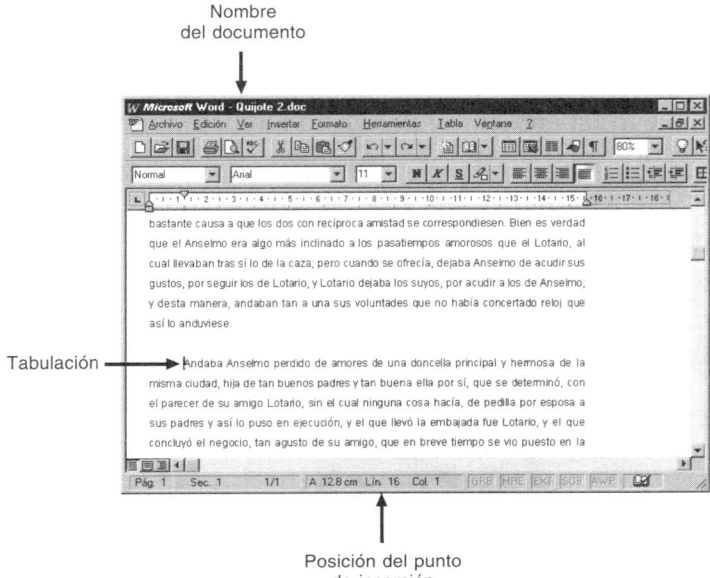

Nombre del documento

Tabulación

Posición del punto de inserción

### Crear un nuevo documento

Cuando se abre Word 7.0, automáticamente, se crea un nuevo documento llamado Documento1 el cual está vacío y representa una hoja en blanco donde puede introducirse el texto.

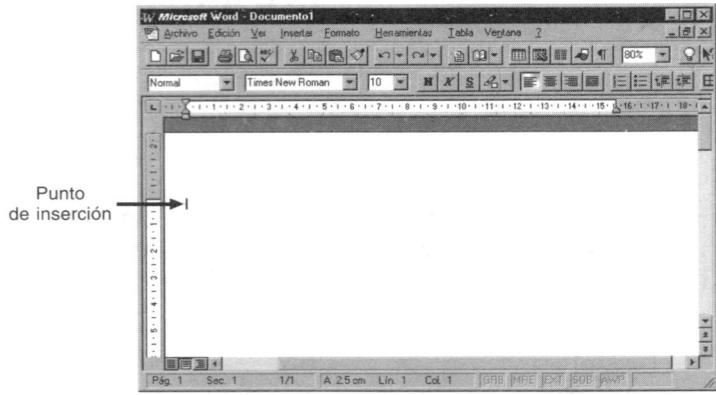

Punto de inserción

También se pueden crear uno o más documentos nuevos e independientes; para esto hay tres formas de hacerlo:

‣ Seleccionando la orden **Nuevo...** del menú **Archivo**.

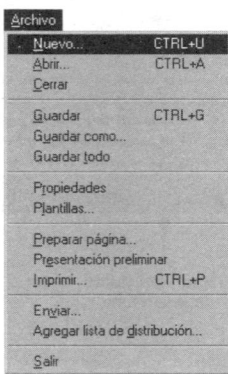

◗   .... y aparecerá el cuadro de diálogo **Nuevo**.
    Presione el botón **Aceptar**.

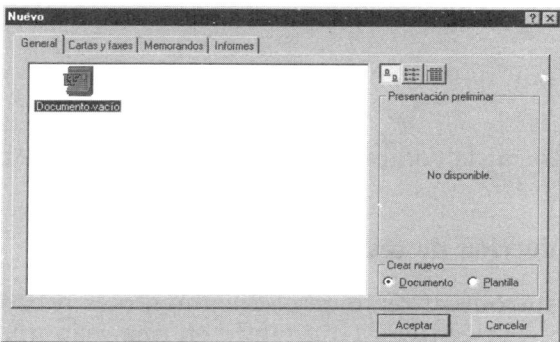

◗   Presione el botón **Aceptar** y se activa una hoja
    en blanco.

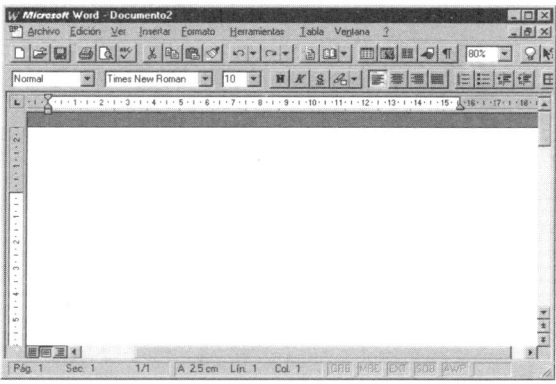

Las otras dos formas son las siguientes:

▶ Pulsar el botón **Nuevo** de la barra de herramientas **Estándar**.

▶ Utilizar la combinación de las teclas **Ctrl + U**.

### Introducción de texto en el documento

Para introducir texto en el documento se procede como si se estuviera digitando en una máquina de escribir. La línea vertical intermitente o punto de inserción indica la posición del cursor a partir de la cual puede digitar el texto.

Inicialmente, el punto de inserción aparece en la parte superior izquierda de la hoja.

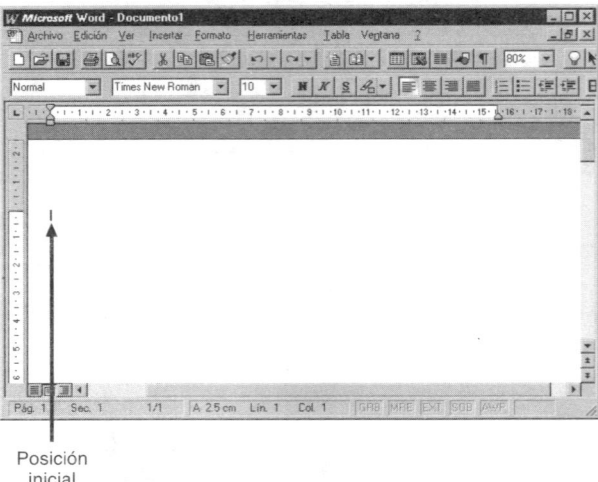

Posición
inicial

A medida que se digita el texto, el punto de inserción se desplaza a la siguiente posición dejando el texto ya digitado en su camino.

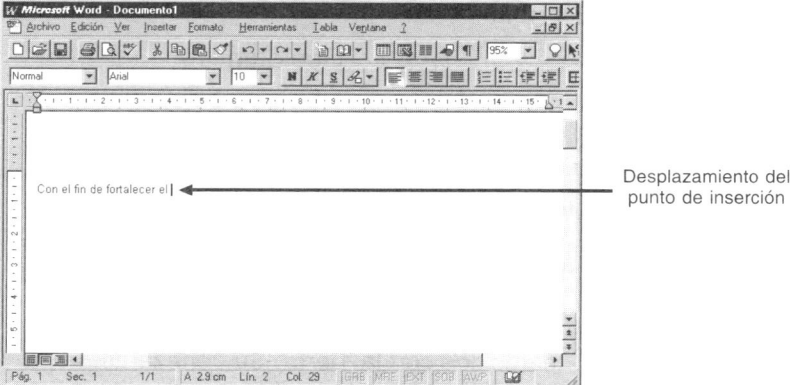

Desplazamiento del punto de inserción

Cuando llegue al final de una línea, Word 7.0 saltará automáticamente al siguiente renglón.

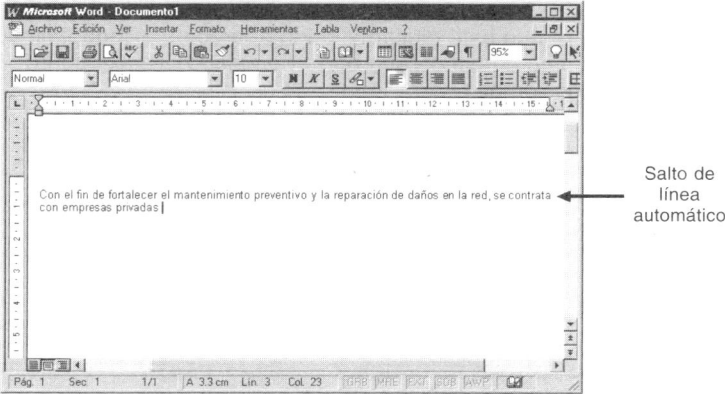

Salto de línea automático

Por ejemplo, para introducir un texto con el título en negrita, subrayado y centrado, proceda así:

◗ Escriba:

Geología

◗ Oprima la tecla **Enter.**

◗ Pulse nuevamente **Enter** para dejar una línea en blanco.

◗ Escriba:

Geológicamente, Venus parece tener algunos parecidos con la Tierra. Su corteza es probablemente de granito, situada sobre un manto de basalto y un núcleo de hierro y níquel.

Siempre que esté digitando texto aparece un icono animado al extremo derecho de la barra de estado, simulando la introducción de texto.

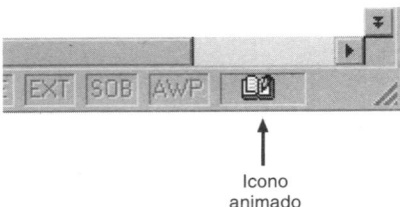

Icono
animado

◗ El texto quedará de la siguiente forma:

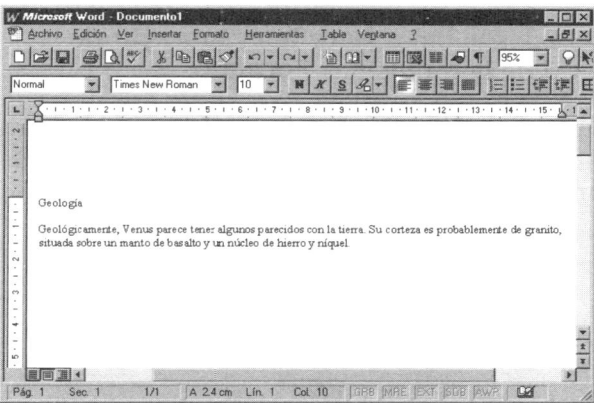

Ahora, utilizaremos algunas órdenes para que la información quede organizada. Para esto siga los siguientes pasos:

◗ Seleccione el título del documento (**Geología**) arrastrando el puntero del *mouse* desde el inicio hasta el final del texto, el cual quedará marcado con un bloque en negro, como se muestra en la figura:

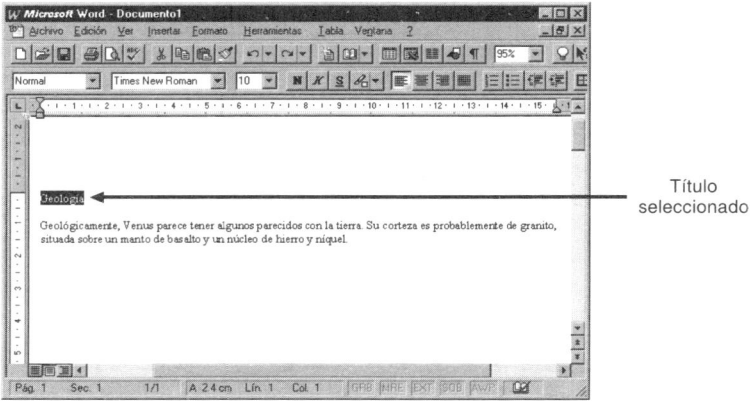

Título seleccionado

Centrar

Negrita

Subrayar

◗ Haga clic en el botón **Centrar** de la barra de herramientas **Formato**.

◗ Pulse los botones **Negrita** y **Subrayar** de la barra de herramientas **Formato**.

◗ En la lista **Tamaño fuente** de la barra de herramientas **Formato** seleccione **14** que representa el tamaño de la letra de 14 puntos.

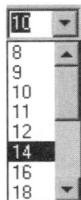

◗ Seleccione en la lista desplegable **Fuente** la opción Arial.

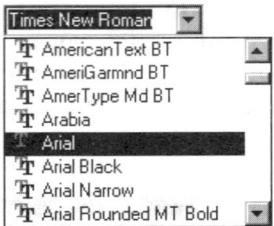

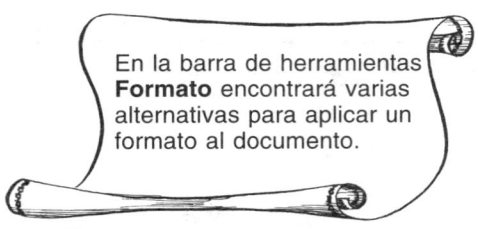

En la barra de herramientas **Formato** encontrará varias alternativas para aplicar un formato al documento.

▶ Seleccione el resto del texto arrastrando el puntero del *mouse* desde el principio hasta el final.

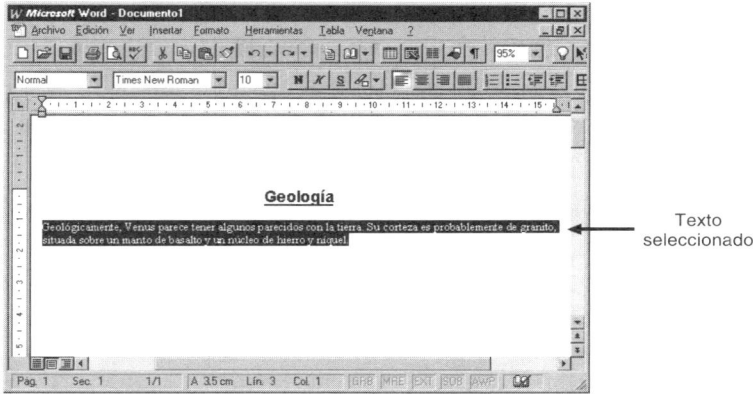

Texto seleccionado

▶ Elija en **Tamaño fuente** de la barra de herramientas el número **12** que representa el tamaño de la letra en 12 puntos.

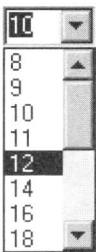

▶ En la lista desplegable **Fuente** seleccione la opción Arial Narrow.

Destacar

▶ Seleccione la palabra **corteza** y pulse el botón **Destacar**.

▶ Finalmente, el texto quedará así:

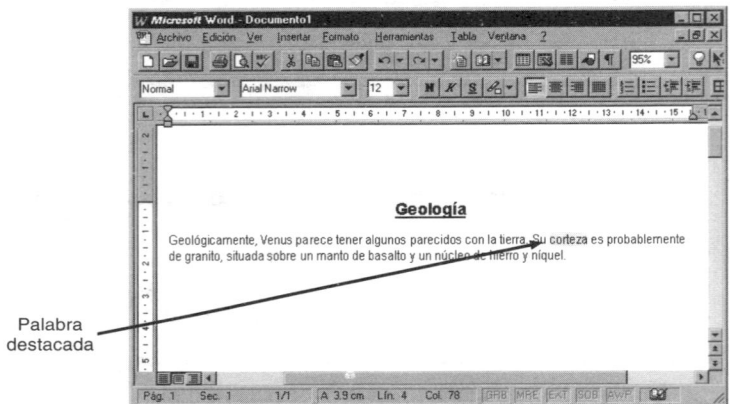

Palabra
destacada

▶ Para aumentar (o disminuir) el tamaño de visualización del documento pulse la lista desplegable **Zoom** de la barra de herramientas **Estándar** y seleccione el porcentaje en que desee ver el documento.

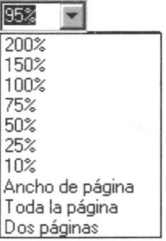

## La orden **D**eshacer

Esta orden restablece la última operación ejecutada. Por ejemplo, si en un texto acaba de subrayar la palabra Venus.

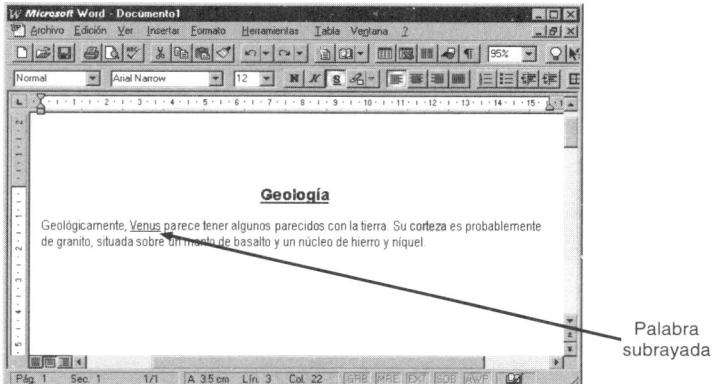

Palabra subrayada

▶ Pulse la orden **Deshacer/Subrayar** del menú **Edición**.

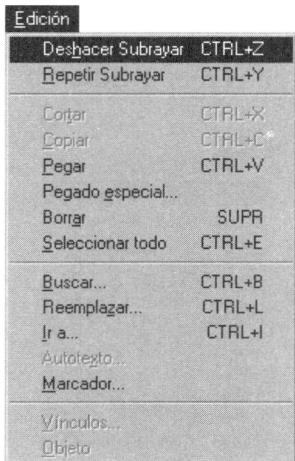

♦ ... y el párrafo quedará como estaba.

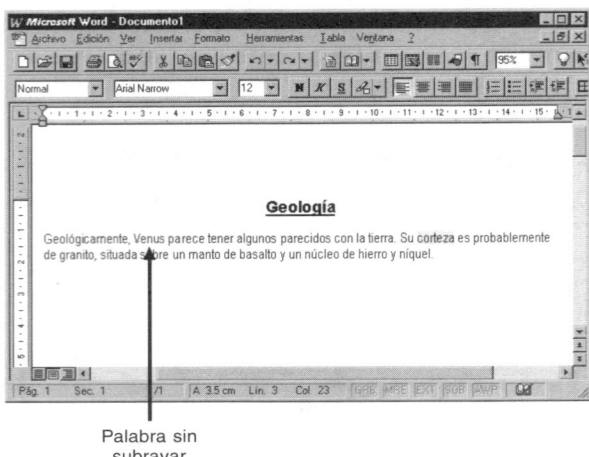

Palabra sin
subrayar

### La orden Rehacer

**Rehacer** del menú **Edición** aparece luego de haber ejecutado la orden **Deshacer** y permite restablecer la hoja a la situación anterior.

Por ejemplo, si ha utilizado la orden **Deshacer Pegar**, puede invertir el proceso seleccionando **Rehacer Pegar** en el menú **Edición**.

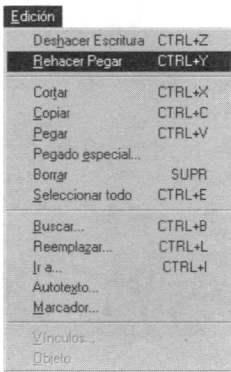

## La orden Repetir

**Repetir** permite ejecutar de nuevo la última orden.
Por ejemplo, si la última orden que ejecutó fue
**Pegar**, puede volver a ejecutarla seleccionando
**Repetir Pegar** del menú **Edición**.

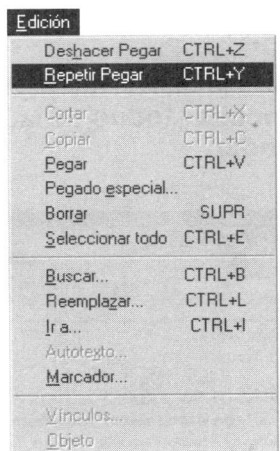

También puede ejecutar la orden:

✘  **Deshacer** al combinar las teclas **Ctrl + Z**.

✘  **Rehacer** al combinar las teclas **Ctrl + Y**.

### Ver y ocultar marcas de párrafos

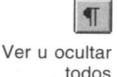

Ver u ocultar
todos

Las marcas de párrafos son símbolos que se colocan al pulsar algunas teclas como **Enter**, la **Barra espaciadora**, **Tab**, etc. El símbolo "¶" indica la terminación de un párrafo y/o líneas al pulsar **Enter** y el símbolo "." indica la cantidad de espacio entre caracteres y/o palabras.

▶ Para visualizar las marcas de párrafos pulse el botón **Ver u ocultar todos** de la barra de herramientas **Estándar**.

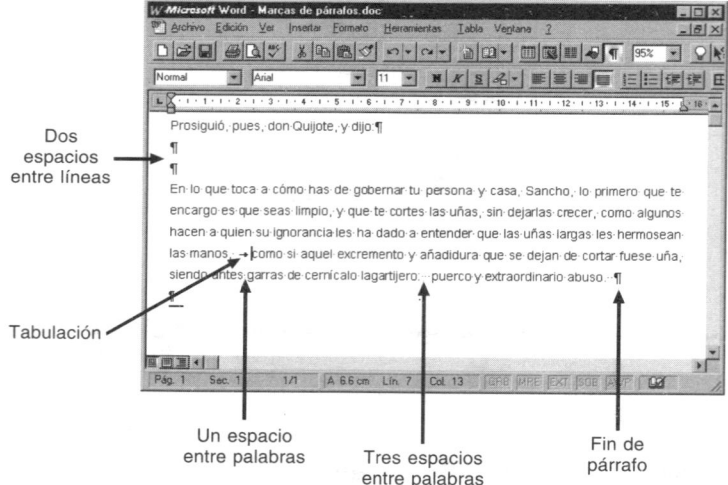

Dos espacios entre líneas

Tabulación

Un espacio entre palabras

Tres espacios entre palabras

Fin de párrafo

▶ Para ocultar las marcas de párrafos pulse nuevamente el botón **Ver u ocultar todos**.

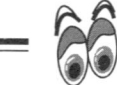

Puede ocultar o ver las marcas de párrafos pulsando las teclas **Ctrl+∗**.

## Guardar un documento

Cuando se crea un documento es necesario almacenarlo en un disquete o en el disco duro de su computador.

◗ Para guardar el documento seleccione la orden **Guardar** del menú **Archivo**, o pulse la combinación de teclas **Ctrl + G**.

Guardar

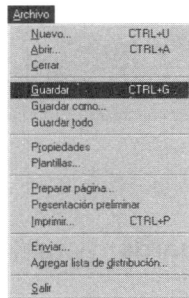

Si el documento se va a guardar por primera vez, aparece la ventana de diálogo de **Guardar como**.

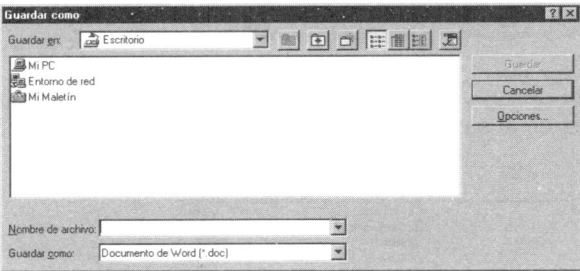

◗ Para guardar más rápidamente el documento, escriba en el recuadro **Nombre de archivo:** el nombre del archivo, por ejemplo, primer documento.

▶ En la lista **Guardar en:** seleccione en qué parte almacenará el archivo, en este caso, en la unidad **C**.

Unidad

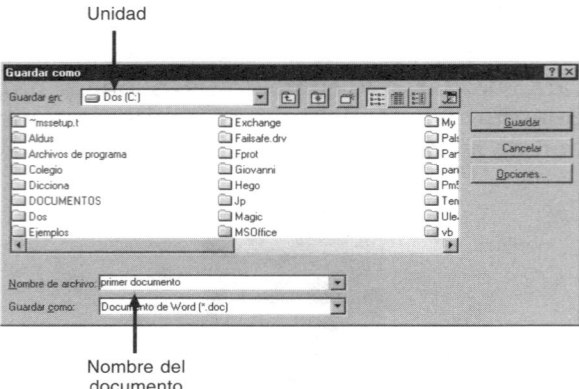

Nombre del
documento

▶ Pulse el botón **Guardar** para finalizar.

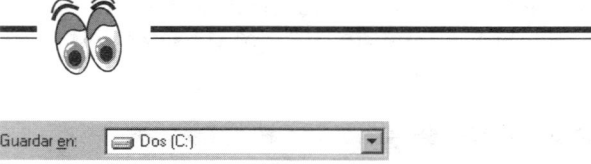

**Guardar en:**
Puede seleccionar el lugar donde desea guardar el archivo, ya sea en el escritorio, una carpeta o una unidad de disco.

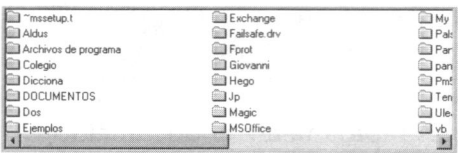

En este cuadro aparecen los archivos y carpetas contenidos en la carpeta actual.

**Subir un nivel**
Se desplaza un nivel hacia arriba con respecto a la ubicación de la carpeta actual.

**Buscar en Favoritos**
Abre y muestra el contenido de la carpeta **Favoritos**.

**Crear nueva carpeta**
Si pulsa este botón aparece un cuadro de diálogo donde puede escribir un nombre para una nueva carpeta.

**Lista**
Muestra en forma de lista el contenido de la carpeta actual.

**Detalles**
Muestra el contenido de la carpeta actual con las características de cada archivo o carpeta.

**Propiedades**
Si presiona este botón se presentará una descripción, si la tiene, del archivo que esté seleccionado en el momento.

| Aplicación: | Microsoft Word for ... |
|---|---|
| Fecha de impresión: | 03-12-95 03:46 AM |
| Creado el: | 03-12-95 03:42 AM |
| Modificado el: | 05-12-95 05:25 PM |
| Páginas: | 1 |
| Palabras: | 241 |
| Caracteres: | 1160 |
| Tamaño: | 13312 |
| Líneas: | 22 |
| Párrafos: | 4 |

**Comandos y configuración**
Permite ver propiedades más avanzadas del archivo
que esté seleccionado. También puede ordenar en
forma ascendente o descendente los archivos y las
carpetas que estén en lista.

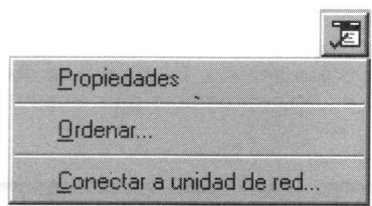

**Nombre de archivo:**
Aquí se escribe el nombre que desea darle al documento.

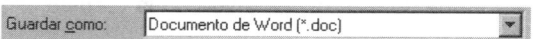

**Guardar como:**
En esta lista desplegable puede seleccionar el formato en que
desee grabar el documento.

 **Guardar**
Almacena el documento en el lugar y con
el nombre especificados.

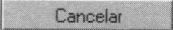 **Cancelar**
Cierra el cuadro de diálogo sin guardar el
documento.

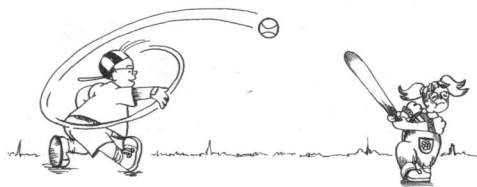

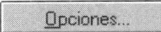
**Opciones...**
Abre la ventana de diálogo **Opciones**.

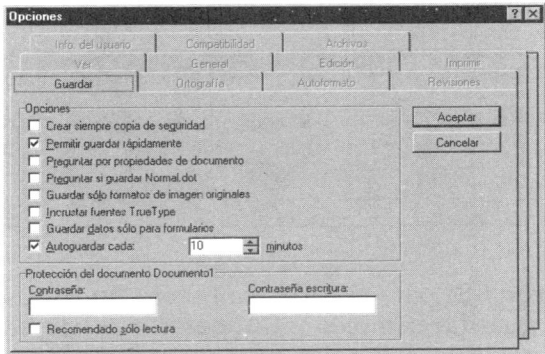

## Opciones
En esta área se presenta una serie de alternativas para guardar el documento. Para disponer de todos los elementos de la ventana **Opciones** seleccione la orden **Opciones...** del menú **Herramientas**.

## Protección del documento
Permite asignar una contraseña al documento para protegerlo contra lectura y/o escritura.

Botón
Cerrar de la
ventana del
documento

▶ Para cerrar el documento elija la orden **Cerrar** del menú **Archivo** o **Ctrl + R**. Si no ha guardado los cambios aparecerá el siguiente cuadro:

▶ Oprima **Sí** para guardar cambios, **No** para salir sin guardar cambios y **Cancelar** si no desea salir.

Si desea guardar el documento con otro nombre, de tal forma que el original se conserve, elija la orden **Guardar como...** del menú **Archivo**, o pulse **F12** y aparecerá el cuadro de diálogo **Guardar como**.

# Editar un
# documento

Para abrir un documento de Word 7.0 seleccione la
orden **Abrir...** del menú **Archivo** o pulse las teclas
**Ctrl + A**.

Abrir

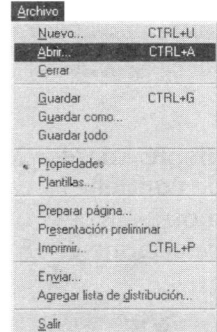

▶ Al seleccionar esta orden aparecerá el cuadro de diálogo **Abrir**.

▶ En el recuadro **Buscar en:** seleccione la carpeta donde se encuentra el archivo a recuperar.

▶ En el cuadro siguiente aparece la lista de archivos y carpetas que contiene la carpeta actual. Si es necesario, abra otra carpeta haciendo doble clic sobre ésta y seleccione el archivo requerido.

▶ Si desea ver el contenido del documento antes de abrirlo, presione el botón **Presentación preliminar** del cuadro de diálogo **Abrir**.

Presentación
preliminar

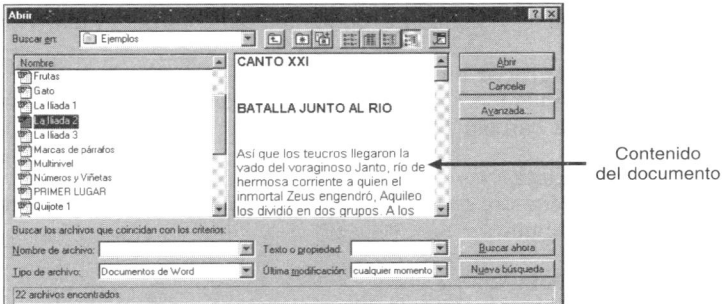

Contenido
del documento

▶ Presione el botón **Abrir** y el archivo aparecerá en la ventana de Word 7.0 listo para editarlo.

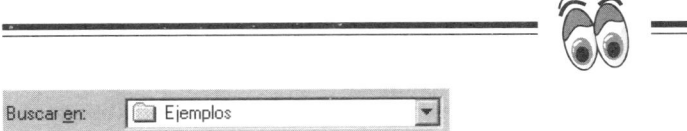

**Buscar en:**
En esta lista deplegable se selecciona la carpeta o lugar donde se buscará el documento.

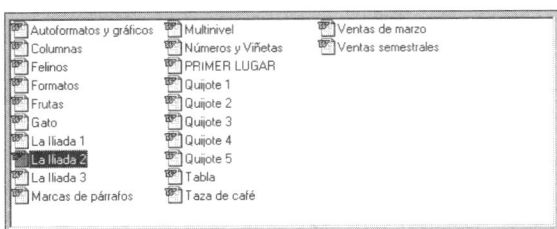

En este recuadro aparecen los elementos que contiene la carpeta actual.

**Subir un nivel**
Al presionar este botón se cierra la carpeta actual y se desplaza al nivel inmediatamente anterior.

**Buscar en Favoritos**
Abre y muestra el contenido de la carpeta **Favoritos**.

**Agregar a Favoritos**
Añade la carpeta actual o el elemento seleccionado a la carpeta **Favoritos**.

**Lista**
Muestra en forma de lista el contenido de la carpeta actual.

**Detalles**
Muestra el contenido de la carpeta actual con las características de cada archivo o carpeta, tamaño, tipo fecha/hora de modificación.

**Propiedades**
Presenta una descripción, si la tiene, del archivo que esté seleccionado actualmente al igual que título, autor, cantidad de páginas, etc.

**Presentación preliminar**
Muestra el contenido del documento antes de abrirlo.

**Comandos y configuración**
Despliega un menú donde puede elegir opciones, como propiedades del elemento seleccionado, ordenar los elementos, etc.

**Nombre de archivo:**
Aquí se escribe el nombre del archivo que está buscando, para abrirlo.

**Tipo de archivo:**
En esta lista desplegable se selecciona el tipo de archivo a buscar.

**Texto o propiedad:**
En este recuadro se escribe un determinado texto para
buscar todos los archivos que contengan dicho texto, ya sea
dentro del documento o en las propiedades del archivo. El
texto debe escribirse entre comillas (" ").

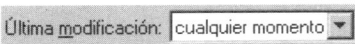

**Última modificación:**
En esta lista desplegable se selecciona el periodo en el cual
se hizo la última modificación, con el fin de agilizar la búsqueda del archivo.

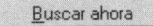

**Buscar ahora**
Realiza una búsqueda de todos los
documentos que coincidan con los
parámetros especificados en todas las
opciones del cuadro de diálogo **Abrir**.

**Nueva búsqueda**
Borra los parámetros que se han estableci-
do en el cuadro de diálogo **Abrir** con el fin
de realizar otra búsqueda.

**Abrir**
Al presionar este botón se abre la carpeta
o archivo que se encuentra actualmente
seleccionada.

**Cancelar**
Cierra el cuadro de diálogo sin abrir el
archivo seleccionado.

**Avanzada...**
Abre el cuadro de diálogo **Búsqueda
avanzada**, el cual permite hacer una
búsqueda más exhaustiva de un archivo.

### Suprimir texto

Para suprimir texto es necesario seleccionarlo y luego ejecutar la orden **Borrar** del menú **Edición**, o pulsar la tecla **Del** (**Supr**).

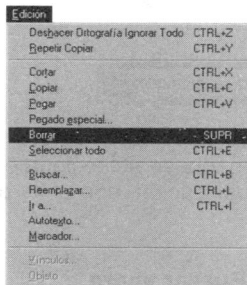

▶ Para seleccionar un texto del documento, coloque el puntero del *mouse* al comienzo del texto y arrástrelo hasta la posición que desee, manteniendo presionado el botón izquierdo. Nótese que el texto quedará resaltado con un fondo negro.

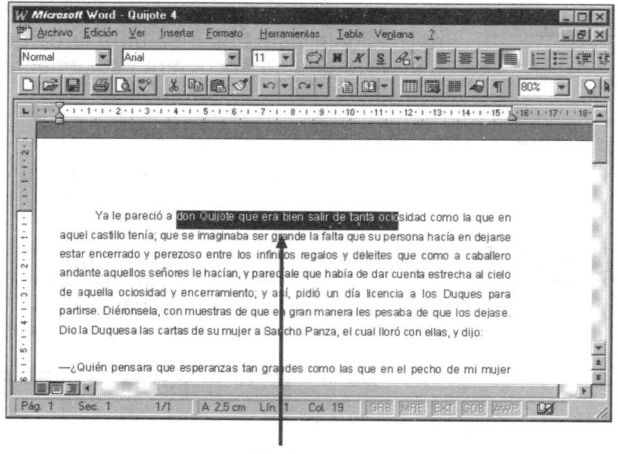

Texto
seleccionado

◗ Para seleccionar una palabra haga doble clic sobre ésta.

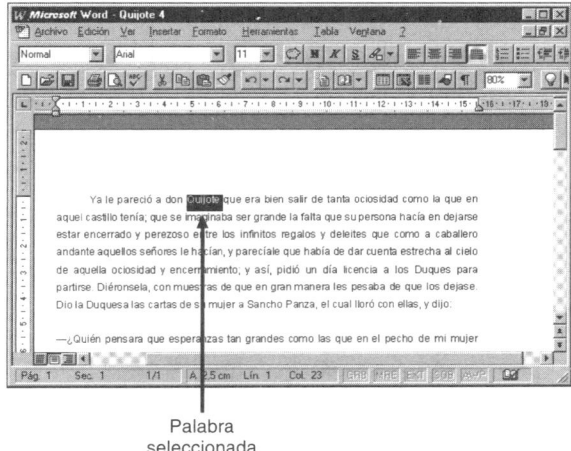

Palabra
seleccionada

◗ Si desea seleccionar un párrafo haga tres veces clic sobre éste.

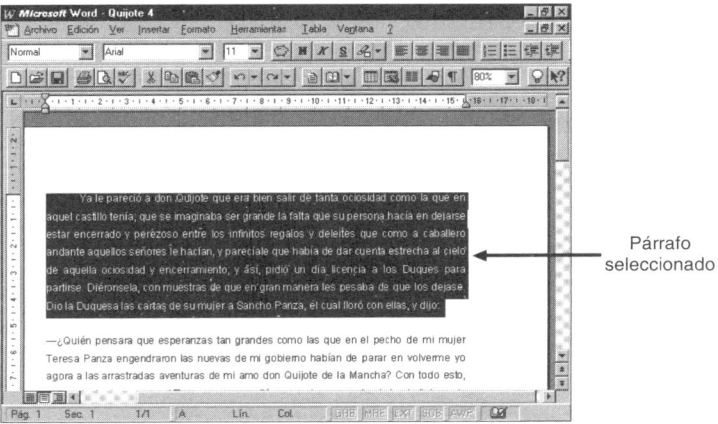

Párrafo
seleccionado

◗ Para seleccionar el documento completo elija la orden **Seleccionar todo** del menú **Edición** o pulse la combinación de teclas **Ctrl + E**.

Todo el documento seleccionado →

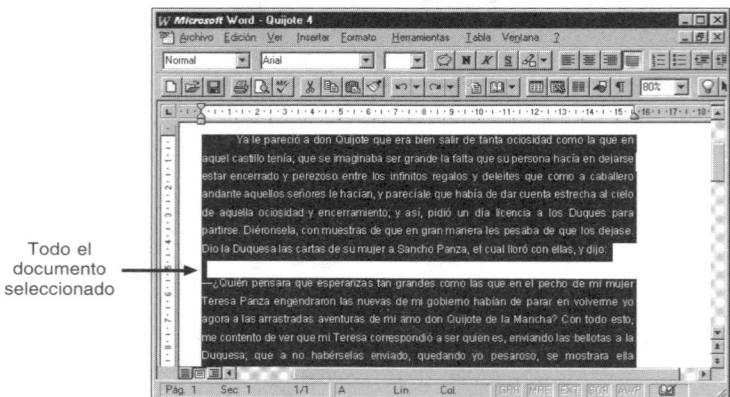

Por ejemplo, para suprimir un párrafo de un documento haga lo siguiente:

◗ Seleccione un párrafo haciendo tres veces clic sobre el mismo.

Párrafo seleccionado →

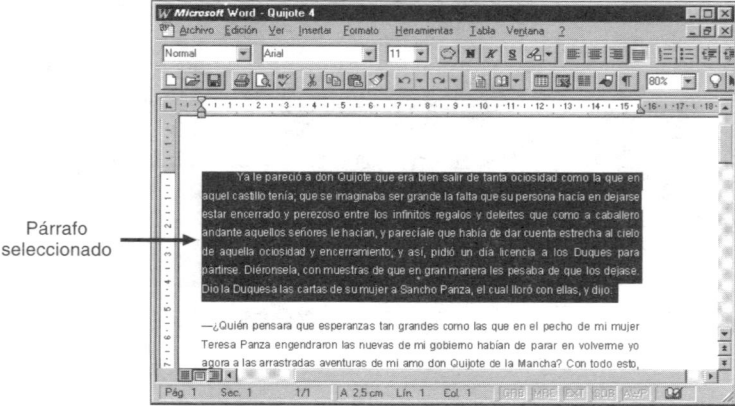

También puede seleccionar texto por medio del teclado, manteniendo pulsada la tecla **Mayús** y combinándola con las flechas de desplazamiento: ⇦  ⇨  ⇧  ⇩.

Observe que el párrafo queda resaltado con fondo negro indicando así su selección.

▶ Elija la orden **Borrar** del menú **Edición**.

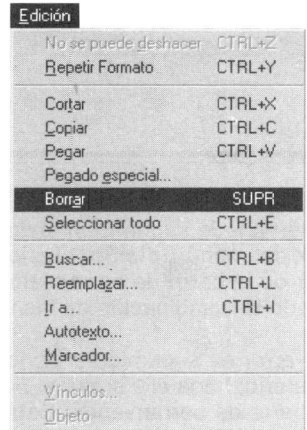

▶ ... y finalmente, el documento quedará de la siguiente forma:

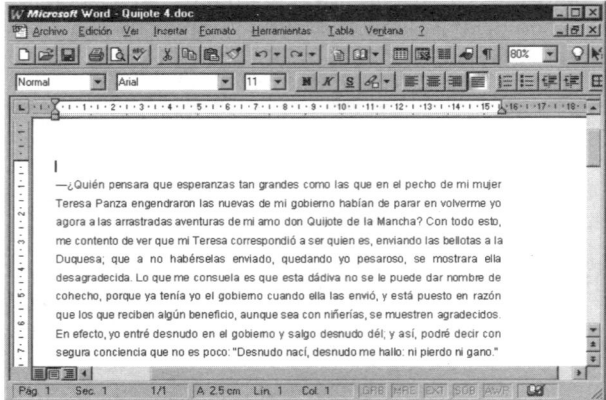

✘ También puede suprimir un texto con la orden **Cortar** del menú **Edición**, presionando el botón **Cortar** de la barra de herramientas **Estándar** o pulsando la combinación de las teclas **Ctrl + X**.

✘ Si por error ha suprimido el texto y desea recuperarlo, haga clic sobre el botón **Deshacer** de la barra de herramientas **Estándar** para eliminar la última acción realizada.

## Reemplazar texto

Reemplazar un texto consiste en escribir un nuevo texto donde se encuentra otro. Para esto es necesario seleccionar qué se desea eliminar y luego, escribir el nuevo texto.

Por ejemplo, para reemplazar un párrafo del siguiente documento haga lo siguiente:

▶ Haga tres veces clic sobre el párrafo que desea reemplazar:

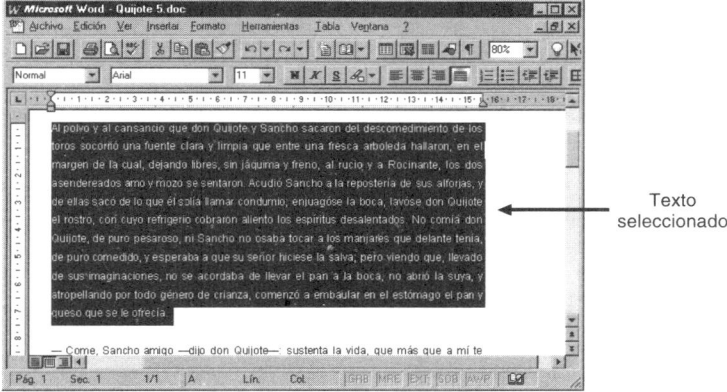

Texto
seleccionado

▶ Escriba el siguiente texto:

Libro, cuando te cierro
abro la vida

P. Neruda

❥ El texto seleccionado quedará reemplazado por el que se ha digitado y el documento tendrá el siguiente aspecto:

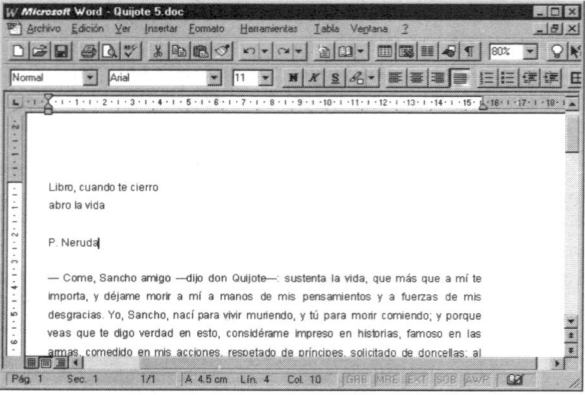

Deshacer

❥ Haga clic en el botón **Deshacer** de la barra de herramientas **Estándar** para dejar el texto en su forma original.

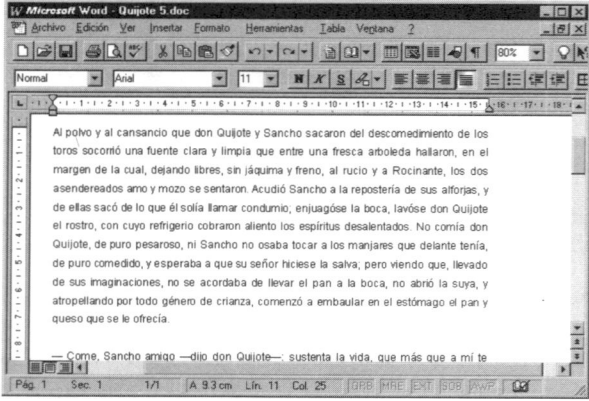

**La orden Reemplazar...**

Para buscar y reemplazar una determinada palabra o frase en el documento puede utilizar la orden **Reemplazar...** del menú **Edición** o pulsar la combinación de teclas **Ctrl + L**.

▶ Por ejemplo, suponga que tiene el siguiente documento y desea reemplazar la frase por espacio por durante.

▶ Elija la orden **Reemplazar...** del menú **Edición** o presione la combinación de teclas **Ctrl + L**. Aparecerá el cuadro de diálogo **Reemplazar** en donde podrá escribir la palabra que desea buscar, en este caso por espacio, y la palabra que la reemplazará, durante.

Frase
a buscar

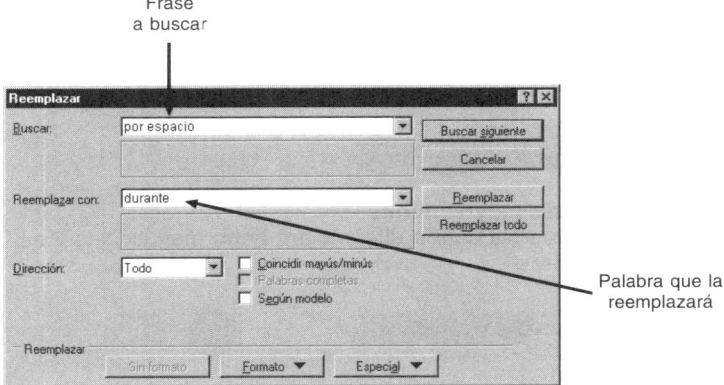

Palabra que la
reemplazará

▶ Para reemplazar todas las palabras que coincidan con la especificada en el cuadro de diálogo, presione el botón **Reemplazar todo**; de lo contrario, puede utilizar el botón **Buscar siguiente** para localizar una por una las palabras coincidentes y reemplazarlas al presionar el botón **Reemplazar**.

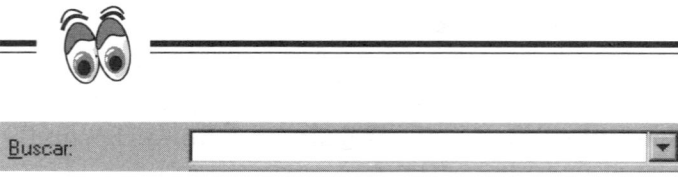

**Buscar:**
En este recuadro se escribe la palabra que se desea buscar.

**Reemplazar con:**
Aquí se digita la palabra con que se reemplazará la palabra buscada.

**Dirección:**
En este cuadro de lista desplegable elige la dirección de la búsqueda, es decir, **Hacia abajo**, **Hacia arriba** o **Todo**.

☐ Coincidir mayús/minús

**Coincidir mayús/minús**
Si activa esta casilla diferenciará entre mayúsculas y minúsculas.

☐ Palabras completas

**Palabras completas**
Active esta casilla si desea que sólo busque el texto como una palabra independiente, es decir, que no forme parte de otra palabra.

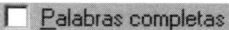

**Según modelo**
Active esta casilla si desea utilizar operadores de búsqueda especiales (signos, guiones, etc.) los cuales puede encontrar haciendo clic en el botón **Especial**.

**Buscar siguiente** | **Buscar siguiente:**
Localiza la siguiente palabra que coincida con la palabra especificada en el recuadro **Buscar:**

**Cancelar** | **Cancelar**
Cierra el cuadro de diálogo Reemplazar sin guardar cambios.

**Reemplazar** | **Reemplazar**
Inicia la búsqueda y cambia la palabra encontrada por la especificada en el recuadro **Reemplazar con:**

**Reemplazar todo** | **Reemplazar todo**
Busca todas las palabras coincidentes y hace el reemplazo por la palabra especificada en el recuadro **Reemplazar con:**

**Sin formato** | **Sin formato**
Elimina el formato de la palabra del cuadro **Buscar:** (**Reemplazar con:**) si ésta tiene algún tipo de formato.

**Formato ▼** | **Formato**
Busca según atributos de formato aún sin especificar texto en **Buscar:**

**Especial ▼** | **Especial**
Si activó la casilla **Según modelo**, puede insertar operadores de búsqueda especiales, si no, puede buscar caracteres especiales dentro del texto.

### Copiar texto

Utilice el siguiente texto como ejemplo de esta opción:

Las ventas de marzo continuaron la
tendencia creciente.

Fin....

Para copiar un texto en otra posición, puede hacer lo siguiente:

▶ Seleccione el texto que desea copiar arrastrando el puntero del *mouse* o utilizando la combinación de las teclas **Mayús** y las flechas de desplazamiento.

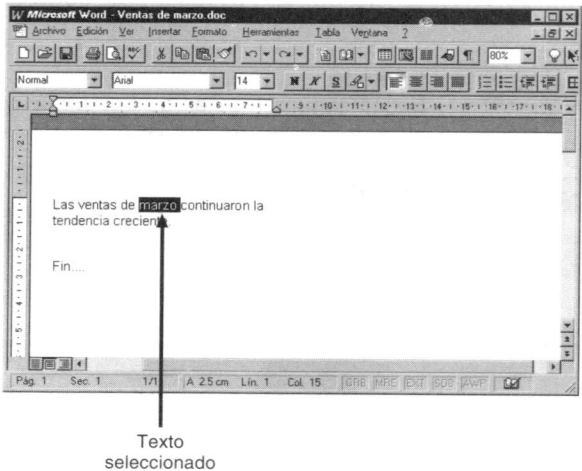

Texto
seleccionado

▶ Posicione el puntero del *mouse* sobre el texto seleccionado, presione la tecla **Ctrl** y mantenga presionado el botón izquierdo del *mouse* hasta que aparezca el recuadro punteado.

♦ Sin soltar el botón del *mouse* arrastre el puntero hasta la posición deseada para copiar el texto y suelte el botón del *mouse* y la tecla. Nótese que la palabra **marzo** quedó al final del párrafo.

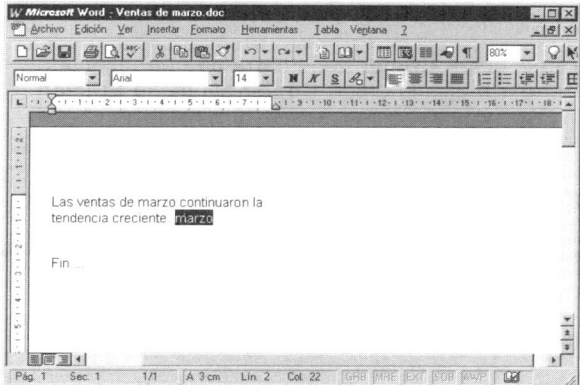

♦ Haga clic fuera del texto para quitar la selección y, finalmente, el texto quedará de la siguiente forma:

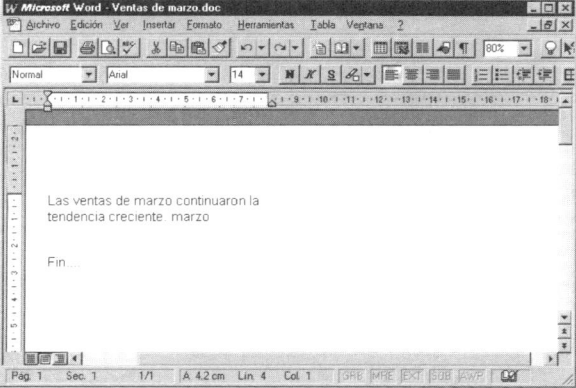

También puede copiar texto así:

✖ Seleccione el texto que desea copiar.

✖ Pulse el botón **Copiar** de la barra de herramientas **Estándar** o elija la orden **Copiar** del menú **Edición**.

✖ Ubique el cursor en la posición donde desea copiar el texto, y pulse el botón **Pegar** de la barra de herramientas **Estándar** o escoja la orden **Pegar** del menú **Edición**.

## Trasladar texto

Para trasladar una porción de texto siga los siguientes pasos:

▶ Seleccione el texto que va a trasladar arrastrando el puntero del *mouse*.

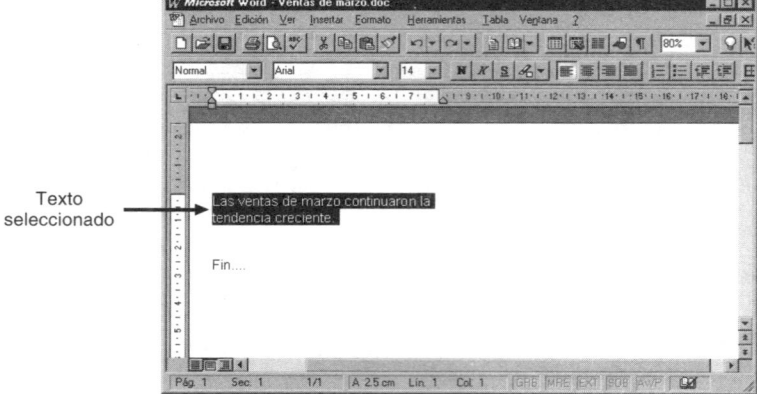

Texto seleccionado

◆ Posicione el puntero del *mouse* sobre el texto seleccionado y mantenga presionado el botón izquierdo del *mouse* hasta que aparezca el recuadro punteado.

◆ Sin soltar el botón del *mouse,* arrastre el puntero hasta la posición donde desea trasladar la porción de texto; luego, suelte el botón.

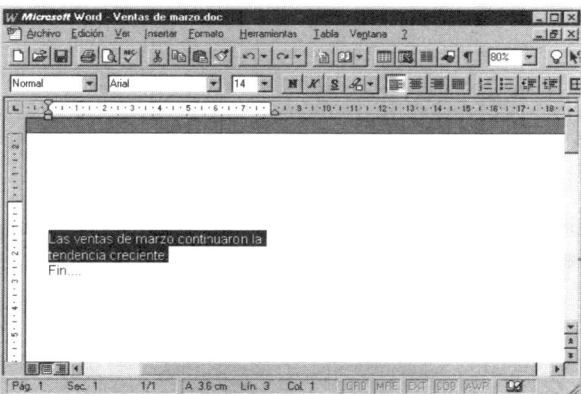

◆ Haga clic sobre el documento para quitar la selección y el texto quedará así:

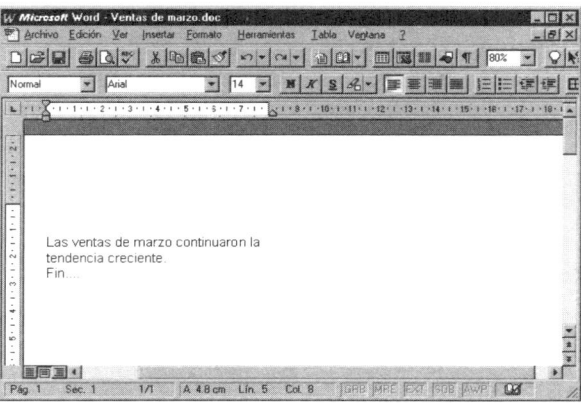

### Corrección ortográfica

Después de haber digitado un documento es posible que tenga algunos errores ortográficos. Word 7.0 permite corregir la ortografía de su documento e incluye la orden **Sinónimos...** como alternativa si desea cambiar alguna palabra por otra con significado similar.

Para comprobar la ortografía de un documento haga lo siguiente:

◗ Seleccione los párrafos, frases o palabras en donde desee comprobar la ortografía. Si no hace ninguna selección, Word 7.0 comprobará la ortografía de todo el documento.

Ortografía

◗ Elija la orden **Ortografía...** del menú **Herramientas** o pulse **F7**.

| Herramientas |  |
|---|---|
| Ortografía... | F7 |
| Sinónimos... | MAYÚS+F7 |
| Guiones... | |
| Idioma... | |
| Contar palabras... | |
| Autocorrección... | |
| Combinar correspondencia... | |
| Sobres y etiquetas... | |
| Proteger documento... | |
| Revisiones... | |
| Macros... | |
| Personalizar... | |
| Opciones... | |

◗ Se visualiza la ventana **Ortografía: Español**.

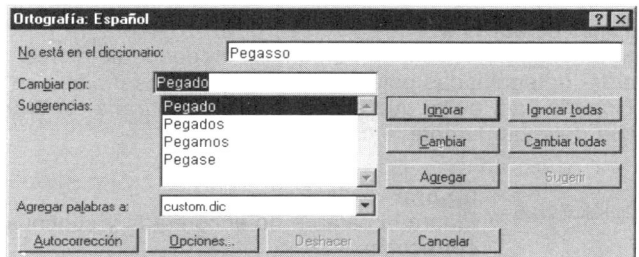

**No está en el diccionario:**
En este recuadro aparecen las palabras desconocidas para **Word 7.0**.

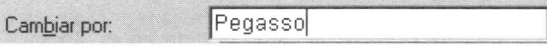

**Cambiar por:**
En este recuadro aparece la palabra sugerida para reemplazar la no encontrada.

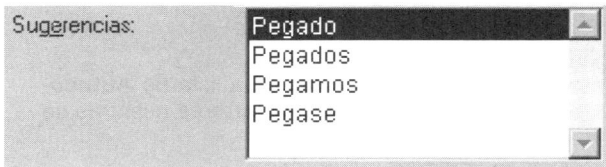

**Sugerencias:**
En esta área muestra una lista de las palabras que **Word 7.0** sugiere para cambiar.

**Agregar palabras a:**
Aquí se elige el diccionario personalizado donde se desea
guardar determinadas palabras. Agregue estos términos en el
diccionario para evitar que el corrector de ortografía de **Word
7.0** se detenga durante la comprobación.

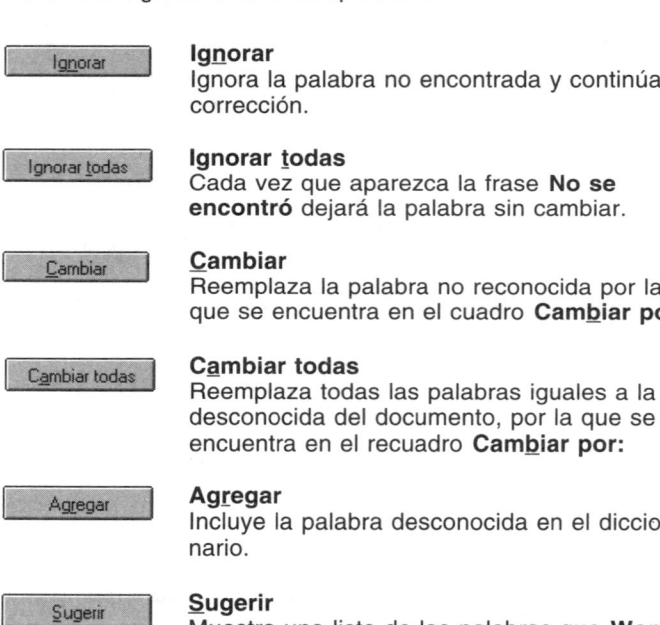

**Ignorar**
Ignora la palabra no encontrada y continúa la
corrección.

**Ignorar todas**
Cada vez que aparezca la frase **No se
encontró** dejará la palabra sin cambiar.

**Cambiar**
Reemplaza la palabra no reconocida por la
que se encuentra en el cuadro **Cambiar por:**

**Cambiar todas**
Reemplaza todas las palabras iguales a la
desconocida del documento, por la que se
encuentra en el recuadro **Cambiar por:**

**Agregar**
Incluye la palabra desconocida en el diccionario.

**Sugerir**
Muestra una lista de las palabras que **Word
7.0** recomienda reemplazar por la palabra
desconocida.

**Autocorrección**
Adiciona una palabra a la lista de **Autocorrección**, y corrige los errores mientras se
escribe el texto.

**Opciones...**
Abre la ventana **Opciones** en la ficha
**Ortografía** que es donde se especifican
algunas reglas para la corrección ortográfica.

**Deshacer**
Deshace la última corrección que se haya hecho desde el cuadro de diálogo.

**Cerrar**
Cierra la ventana **Ortografía: Español**.

Nótese que si pulsa **Ctrl + Tab** puede editar directamente sobre el documento sin cerrar el cuadro de diálogo **Ortografía: Español**.

## Sinónimos

La orden **Sinónimos...** es muy útil para cambiar términos por otros con significados similares. Para ejecutar esta orden haga lo siguiente:

▸ Seleccione la palabra que desea reemplazar.

▸ Elija la orden **Sinónimos...** del menú **Herramientas** o pulse **Mayús + F7**.

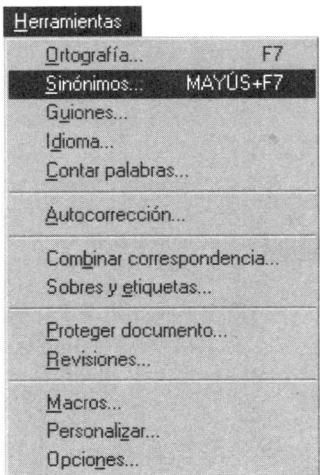

❯ ... y se abrirá la ventana de diálogo **Sinónimos: Español**.

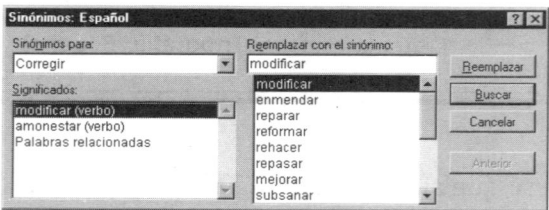

❯ Cuando elija la palabra que desea introducir, pulse el botón **Reemplazar**.

**Sinónimos para:**
En este recuadro aparece la palabra seleccionada.

**Significados:**
En esta área se muestra una lista de los posibles significados para la palabra seleccionada.

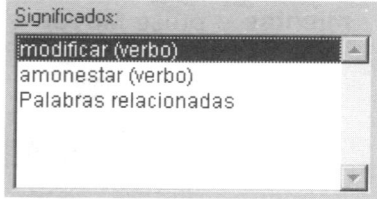

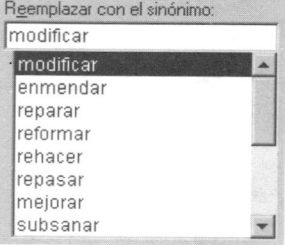

**Reemplazar con el sinónimo:**
En el recuadro superior aparece la palabra con la que se va a sustituir. En el recuadro inferior aparece una lista de todas las palabras que ofrece **Word 7.0** como sinónimos para cambiar, según el significado seleccionado en el recuadro anterior.

| | |
|---|---|
| Reemplazar | **Reemplazar**<br>Cambia la palabra seleccionada por la que aparece en el recuadro **Reemplazar con el sinónimo:** |
| Buscar | **Buscar**<br>Muestra una lista de sinónimos en el recuadro **Reemplazar con el sinónimo:** para la palabra seleccionada en la lista. |
| Anterior | **Anterior**<br>Muestra la última palabra buscada con el respectivo significado y su sinónimo. |

## Corrección automática de texto

Una nueva característica de Word 7.0 es la corrección automática de texto. Esto consiste en que a medida que va digitando un determinado texto Word 7.0 hace un subrayado ondulado y rojo a la palabra que desconozca, palabras repetidas que estén seguidas, etc. Por ejemplo:

◗ Digite el siguiente texto:

> Si bien los diamantes, rubíes, safiros, esmeraldas y jades siguen siendo las piedras más bendidas, las amatistas, aguamarinas y turquesas representan un mercado mercado importante

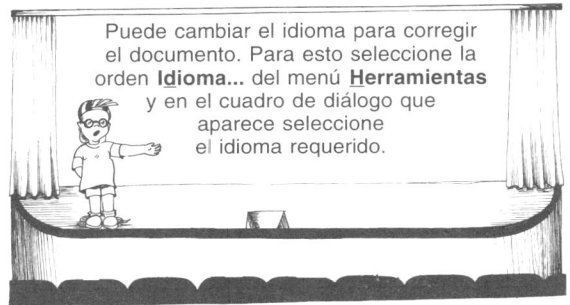

Puede cambiar el idioma para corregir el documento. Para esto seleccione la orden **Idioma...** del menú **Herramientas** y en el cuadro de diálogo que aparece seleccione el idioma requerido.

◗ En el documento, el texto anterior se verá así:

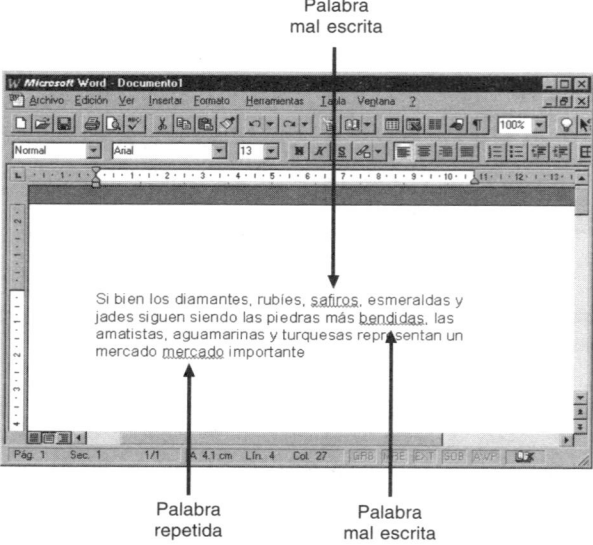

◗ Cambie la palabra **safiros** por **zafiros**, la palabra **bendidas** por **vendidas** y borre una de las palabras **mercado**. Ahora el texto está bien escrito, sin faltas de ortografía ni palabras repetidas.

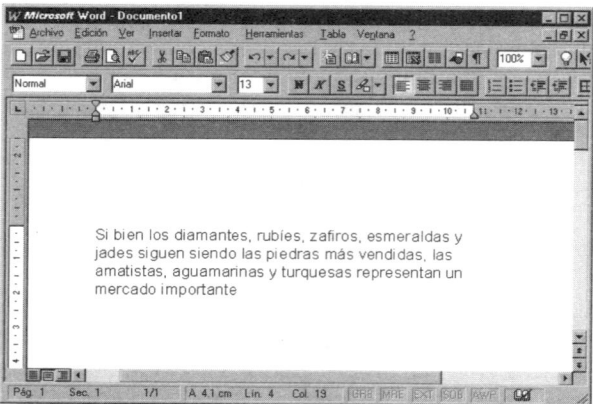

◗ Si Word 7.0 no reconoce una palabra y por tanto la subraya, puede corregirla haciendo clic sobre ella con el botón derecho del *mouse*. Por ejemplo, si tiene la siguiente palabra mal escrita:

cassa

◗ Haga clic sobre la palabra con el botón derecho del *mouse*. Se despliega un menú como el siguiente:

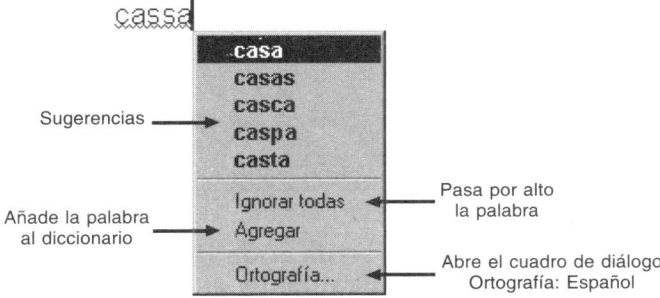

◗ Seleccione la palabra que sea correcta en el menú que se desplegó; para este ejemplo elija la opción **casa**.

Para asegurarse de que la corrección automática
de ortografía funcione, haga lo siguiente:

▶ Seleccione la orden **Opcio̱nes...** del menú
**Herramientas** y aparecerá el cuadro de diálogo
**Opciones**. Haga clic en la ficha **Ortografía**.

Ficha
Ortografía

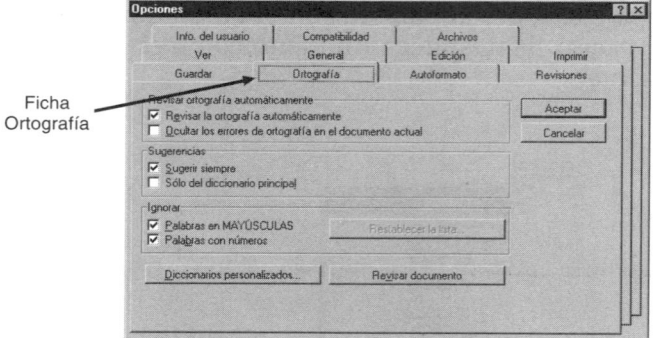

▶ Active la casilla de verificación **Revisar la
ortografía automáticamente**, si aún no lo ha
hecho.

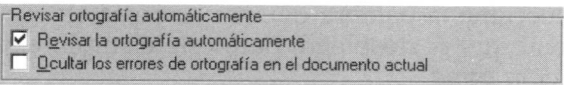

▶ Presione el botón **Aceptar** para cerrar el cuadro
de diálogo **Opciones**.

# Formatos

## Barra de herramientas Formato

La barra de herramientas **Formato** proporciona una serie de botones y opciones que permiten modificar con rapidez las características de un documento.

Desde la barra de herramientas **Formato** pueden ejecutarse órdenes para cambiar fuentes y aspecto de la letra, definición de sangría, formatos para párrafos, etc.

Para visualizar u ocultar la barra de herramientas **Formato**, haga clic con el botón derecho del *mouse* sobre cualquier barra de herramientas y seleccione la opción **Formato** en el menú que se despliega.

## Modificaciones en el aspecto del texto

Tómese el siguiente ejemplo para visualizar el cambio de fuente y el aspecto del texto:

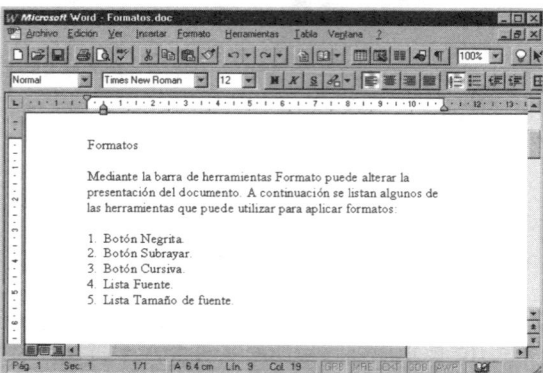

❯ Seleccione la línea 1 haciendo tres veces clic sobre el texto.

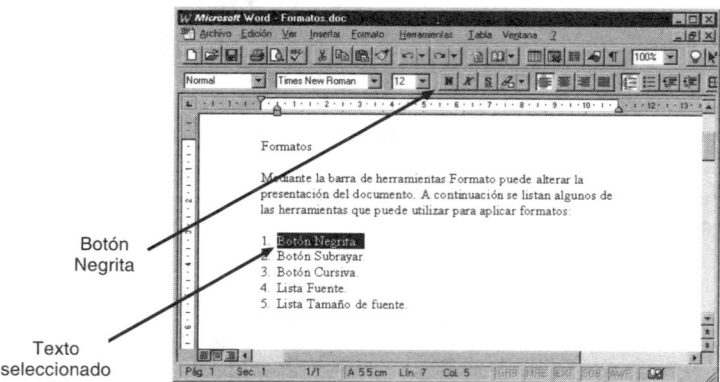

❯ Oprima el botón **Negrita** de la barra de herramientas **Formato**.

▶ Seleccione el texto de la línea 2 y pulse el botón **Subrayar** de la barra de herramientas **Formato**.

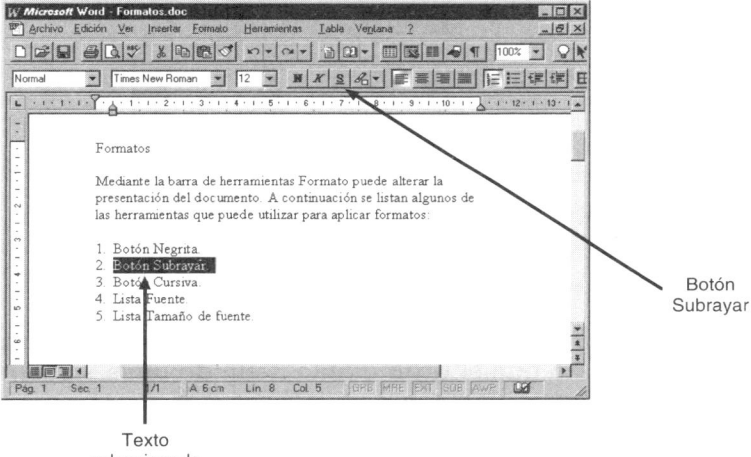

Botón
Subrayar

Texto
seleccionado

▶ Seleccione la línea 3 y pulse el botón **Cursiva** de la barra de herramientas **Formato**.

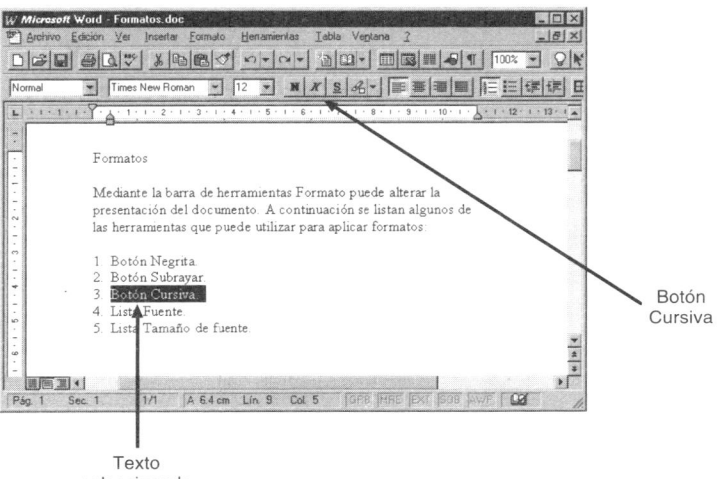

Botón
Cursiva

Texto
seleccionado

◗ Seleccione la línea 4 y pulse la flecha de despliegue **Fuente** y escoja Arial.

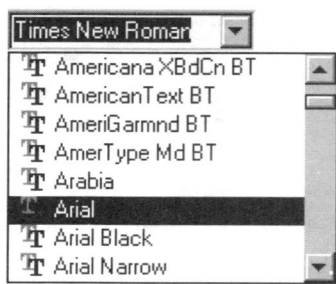

◗ Finalmente, seleccione el texto título del ejemplo
para que el texto quede definido de la siguiente
forma:

✗ Mayúsculas
✗ Centrado
✗ Negrita
✗ Subrayado
✗ Destacado
✗ Tamaño de la fuente 14 puntos

◗ Seleccione la orden **Cambiar mayús/minús...**
del menú **Formato**.

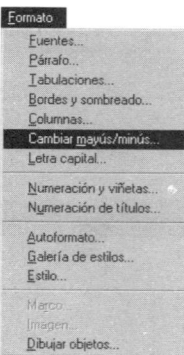

◗ Se visualiza la ventana de diálogo **Cambiar mayús/minús**.

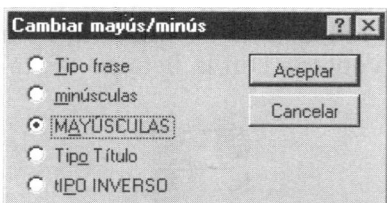

**Tipo frase**
Transforma en mayúscula la primera letra de cada párrafo del texto seleccionado. También transforma en mayúscula la primera letra después de un punto.

**minúsculas**
Transforma en minúscula todo el texto seleccionado.

**MAYÚSCULAS**
Transforma en mayúscula todo el texto seleccionado.

**Tipo Título**
Transforma en mayúscula la primera letra de cada palabra del texto seleccionado.

**tIPO INVERSO**
Convierte las letras mayúsculas en minúsculas y las minúsculas en mayúsculas en el texto seleccionado.

▶ Escoja **MAYÚSCULAS** haciendo clic en el botón de opción y pulse el botón **Aceptar**.

▶ Al pulsar la flecha de despliegue de **Tamaño de fuente** en la barra de herramientas **Formato**, se abre una ventana con la lista de los tamaños.

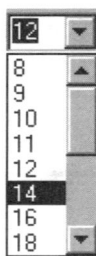

▶ Seleccione 14 haciendo clic sobre el número.

▶ Pulse los botones **Negrita**, **Subrayar** y **Centrar**.

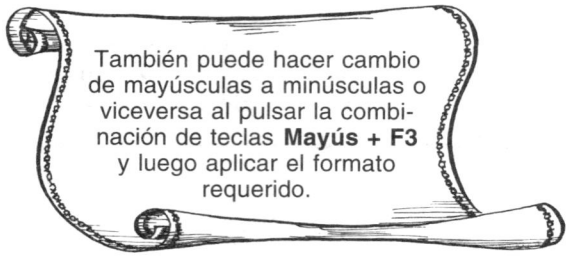

También puede hacer cambio de mayúsculas a minúsculas o viceversa al pulsar la combinación de teclas **Mayús + F3** y luego aplicar el formato requerido.

❿ Presione la flecha del botón **Destacar** de la barra de herramientas **Formato** y seleccione un color para resaltar el título.

❿ El documento tendrá el siguiente aspecto:

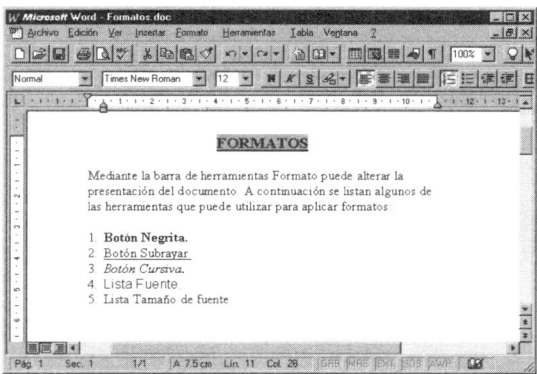

## Formatos para párrafos

Para la mejor presentación de los párrafos de un documento es necesario darles un formato que ayude a su comprensión. De igual forma, puede utilizar la barra de herramientas **Formato** para ajustar márgenes, hacer tablas, sangrar texto, numerar listas, colocar viñetas, etc.

### Sangrado o Sangría

Suponga que tiene el siguiente documento:

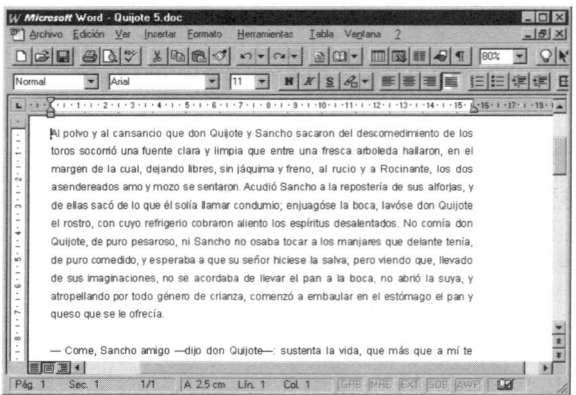

◗ Posicione el punto de inserción al inicio del primer párrafo, pulse la tecla **Tab** y la sangría de la primera línea aumenta como se muestra a continuación.

Texto desplazado →

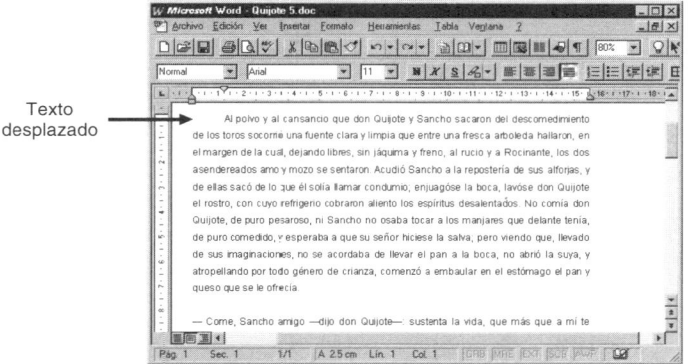

Sangrar un párrafo significa desplazarlo completamente hacia la posición deseada con respecto al margen izquierdo del documento. Suponga que tiene el siguiente archivo:

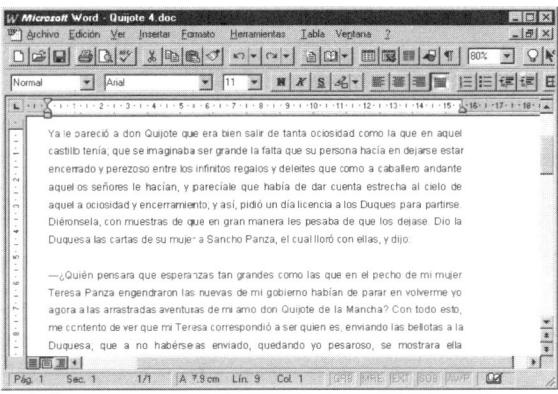

◗ Posicione el cursor al inicio del segundo párrafo.

Aumentar
la sangría

◗ Haga clic en el botón **Aumentar la sangría** de la barra de herramientas **Formato** y el párrafo se desplazará hacia la derecha:

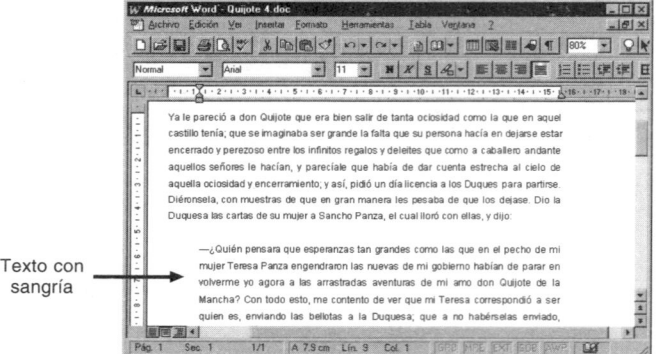

Texto con sangría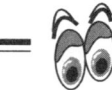

Si desea disminuir la sangría, siga los mismos pasos pero haciendo clic en el botón **Reducir la sangría** de la barra de herramientas **Formato**.

Para dar una misma sangría a varios párrafos que se encuentran seguidos haga lo siguiente:

✘ Seleccione los párrafos a los que desea darles un sangrado arrastrando el puntero del *mouse* desde el inicio del primer párrafo hasta el final del último.

✘ Pulse el botón **Aumentar la sangría** tantas veces como sea necesario para obtener la sangría deseada.

✘ Haga clic fuera del texto para que desaparezca la selección.

## Listas con viñetas y numeración de párrafos

Para la aplicación de viñetas y números a párrafos se utilizan los botones **Viñetas** y **Números** de la barra de herramientas **Formato**.

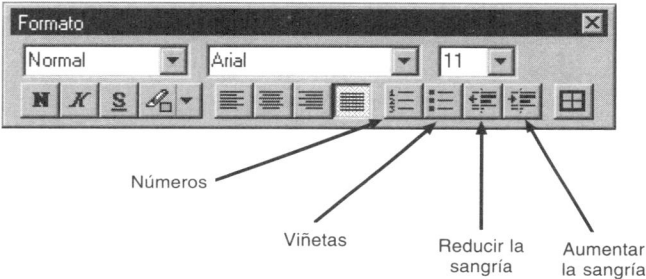

Números

Viñetas

Reducir la
sangría

Aumentar
la sangría

◗ Al siguiente ejemplo se le coloca el formato de viñetas:

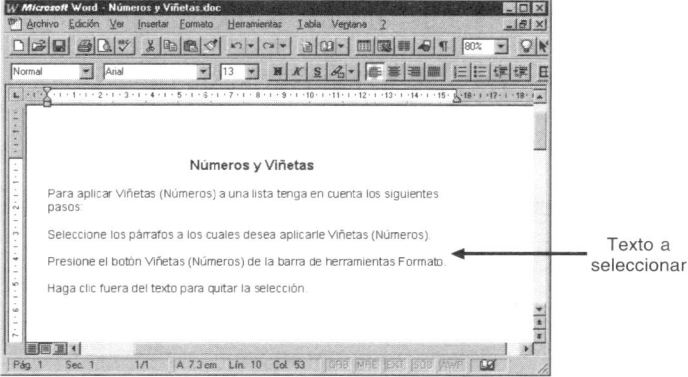

Texto a
seleccionar

◗ Seleccione el texto arrastrando el puntero del *mouse* desde el inicio hasta el final.

Viñetas

♦ Haga clic en el botón **Viñetas** de la barra de herramientas **Formato** y el texto quedará de la siguiente forma:

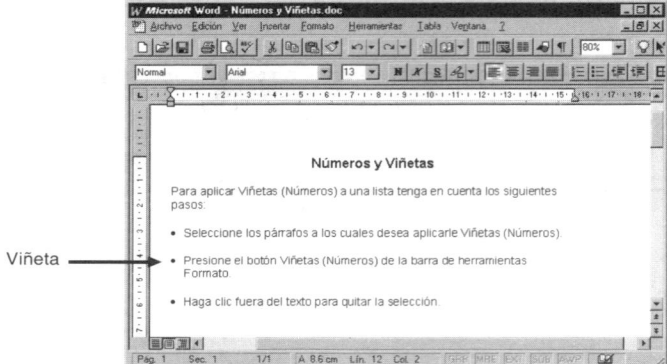

Viñeta

Al texto anterior asignaremos el formato de números:

♦ Seleccione nuevamente el texto.

Números

♦ Haga clic en el botón **Números** de la barra de herramientas **Formato** y el texto quedará de la siguiente forma:

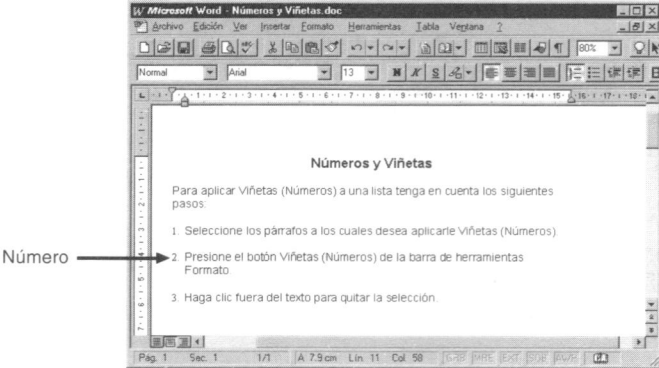

Número

Para cambiar los estilos de números y viñetas seleccione la orden **Numeración y viñetas...** del menú **Formato**; se abre la ventana de diálogo **Numeración y viñetas**, la cual tiene tres fichas:

✘ V̲iñetas
✘ N̲úmeros
✘ M̲ultinivel

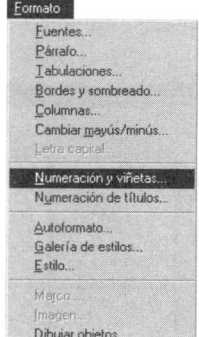

**Viñetas**
En esta ficha se selecciona uno de los seis tipos de viñetas que aparecen en la ventana, por ejemplo, círculos, flechas, asteriscos, etc.

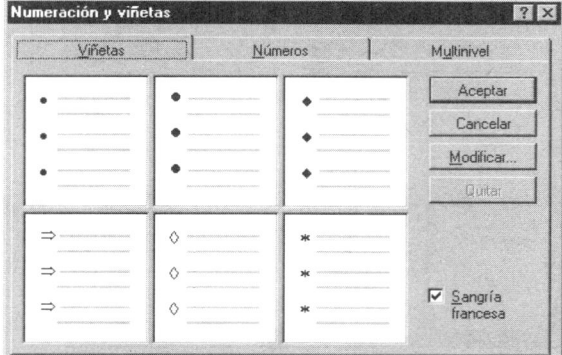

**Números**
Aquí se elige el tipo de numeración para el (los) párrafo(s) seleccionado(s), por ejemplo, números con puntos, letras con paréntesis, números romanos, etc.

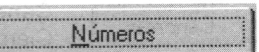

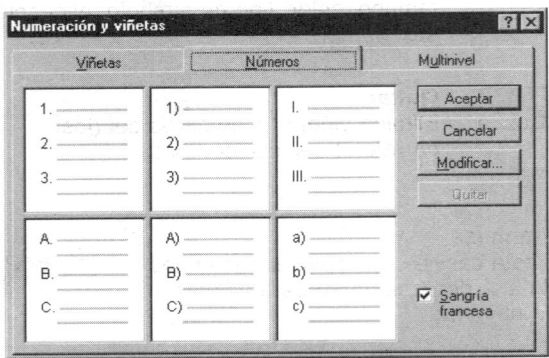

**Multinivel**
Aquí puede elegir tipos de numeración para párrafos con diferentes niveles.

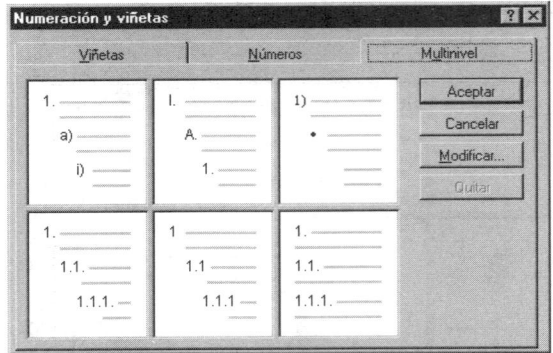

**Aceptar**
Cierra el cuadro **Numeración y viñetas** y guarda los cambios realizados.

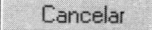

### Cancelar
Cierra el cuadro **Numeración y viñetas** sin guardar los cambios.

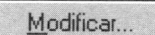

### Modificar...
Cambia los formatos predefinidos de **Viñetas, Números** o **Multiniveles,** como tamaño, color, tipo de símbolo, alineación, etc.

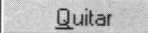

### Quitar
Elimina viñetas o números del (los) párrafo(s) seleccionado(s).

### Sangría francesa
Al activar esta casilla se desplazan las líneas del párrafo a la derecha, tanto para viñetas como para números.

En el siguiente documento se ejemplificará el uso de viñetas múltiples:

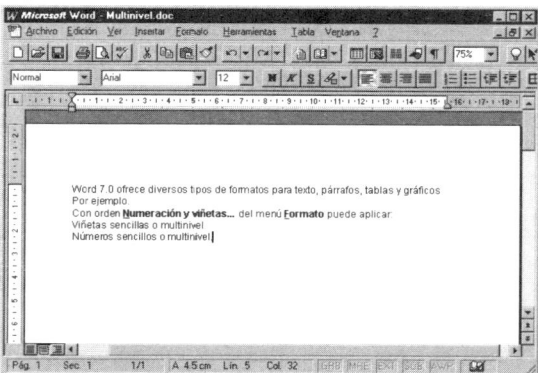

◗ Posicione el punto de inserción al principio de la tercera línea y oprima una vez la tecla **Tab**, vaya al inicio de la cuarta línea y oprima dos veces la tecla **Tab**, por último en la quinta línea repita el proceso anterior, presione dos veces la tecla **Tab** y el texto debe tener el siguiente aspecto:

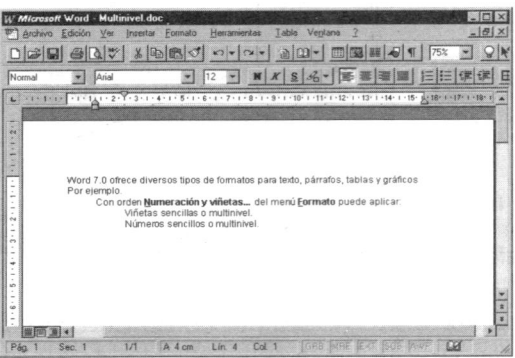

◗ Elija la orden **Seleccionar todo** del menú **Edición**; en el menú **Formato** seleccione **Numeración y viñetas...** y aparecerá el cuadro de diálogo **Numeración y viñetas**.

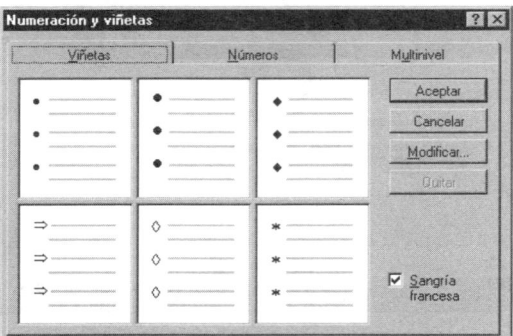

◗ Active la ficha **Multinivel** y seleccione la segunda casilla.

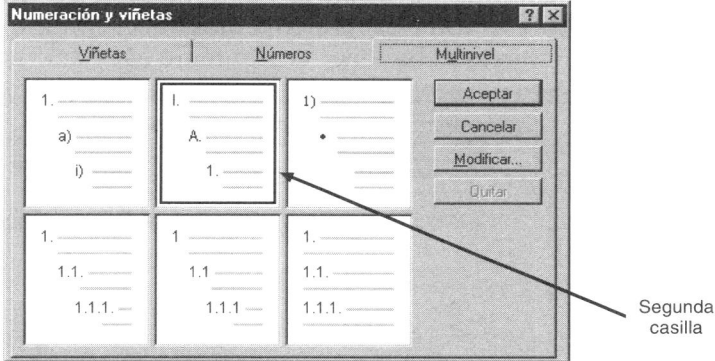

Segunda
casilla

◗ Pulse **Aceptar**, oprima el botón derecho del
*mouse* para quitar la selección y el texto tomará
el siguiente aspecto:

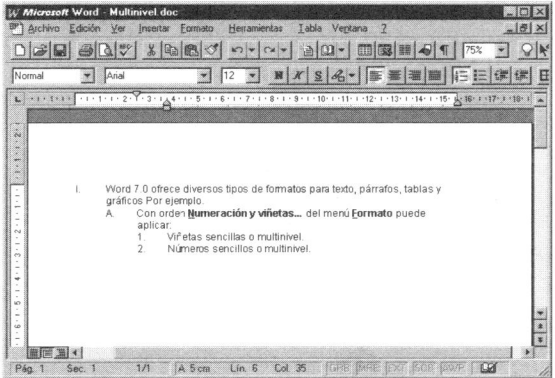

## Ordenar texto

Para ordenar alfabéticamente una lista de palabras puede utilizar la orden **Ordenar texto...** del menú **Tabla**. Tome el siguiente documento:

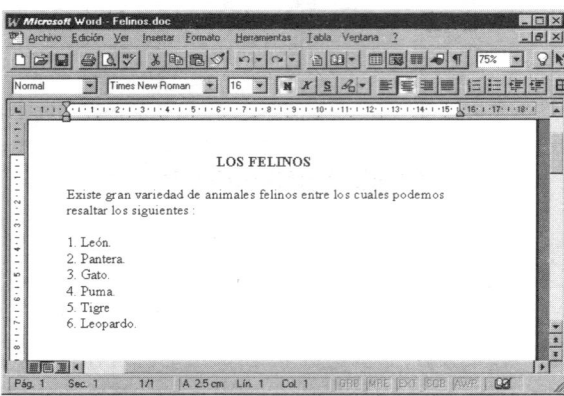

❧ Seleccione toda la lista arrastrando el puntero del *mouse* desde el inicio hasta el final del texto.

▶ Elija la orden **Or̲denar texto...** del menú **T̲abla**.

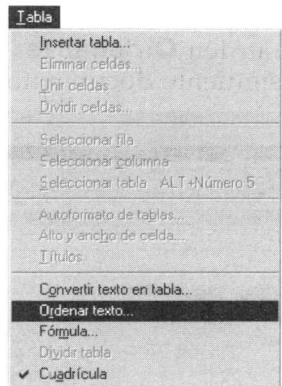

▶ ... y se abre la ventana de diálogo **Ordenar texto**.

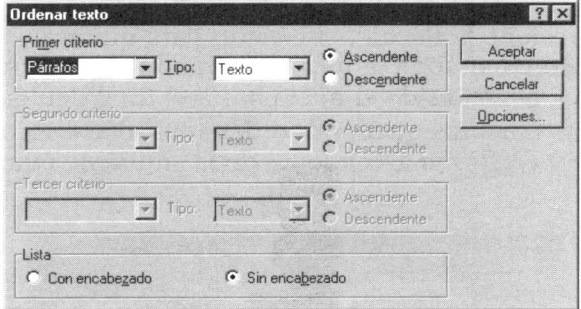

◗ Seleccione **Ascendente** en el cuadro **Primer criterio**, si aún no lo ha hecho, y pulse el botón **Aceptar**. En la opción **Lista** escoja **Sin encabezado**.

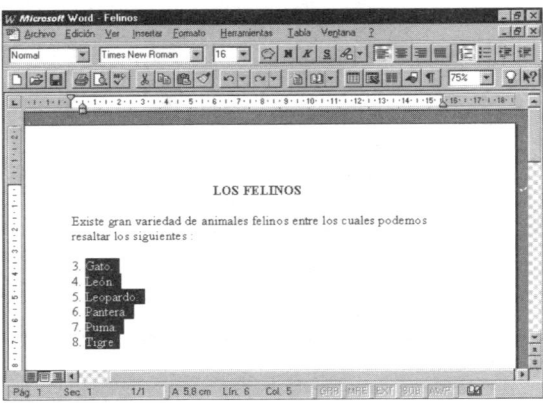

◗ Presione la flecha del teclado para quitar la selección.

◗ Las palabras quedarán ordenadas alfabéticamente y en forma ascendente de la siguiente manera:

Lista ordenada →

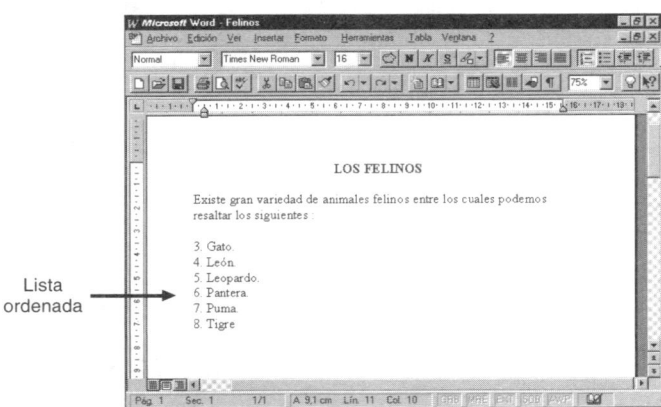

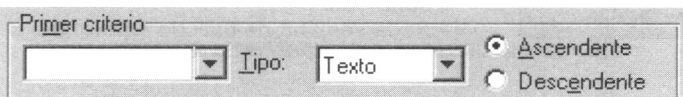

**Primer criterio**
Permite seleccionar el campo o columna en donde se desea empezar la ordenación. Si sólo hay una columna seleccione **Párrafos**.

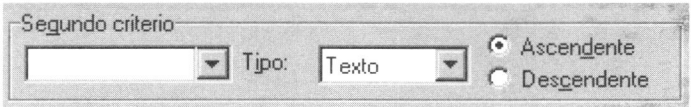

**Segundo criterio**
Se escoge el campo según el cual se desea continuar la ordenación, si hay varias columnas.

**Tercer criterio**
Se escoge el campo según el cual se desea hacer la ordenación como tercera opción.

**Tipo:**
Se elige el tipo de dato según el cual se desea ordenar la lista.

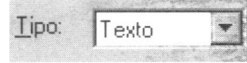

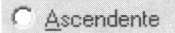

**Ascendente**
Ordena desde el menor valor según el tipo de datos (alfabético, número, fecha).

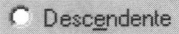

**Descendente**
Ordena desde el mayor valor según el tipo de datos (alfabético, número, fecha).

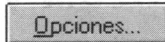

**Opciones...**
Abre la ventana de diálogo **Opciones**.

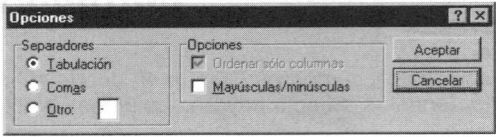

# La Regla y formatos automáticos

## La Regla

La **Regla** es de gran ayuda para ajustar márgenes, definir tabulaciones y sangrías, de una forma fácil y práctica. Es necesario que la **Regla** esté activa, es decir, que la opción **Regla** del menú **Ver** se encuentre seleccionada (✓).

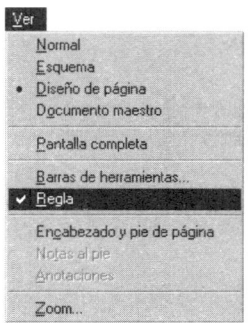

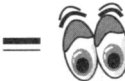

 Este triángulo indica y controla el sangrado de la primera línea del párrafo que esté seleccionado o donde se encuentre ubicado el cursor.

 Este triángulo indica y controla el sangrado de las líneas restantes del párrafo actual.

 Este recuadro indica y controla el sangrado izquierdo y global del párrafo, es decir, permite mover ambos triángulos simultáneamente.

 Este triángulo indica y controla el sangrado derecho del párrafo.

 Este botón permite colocar marcas de tabulación sobre la **Regla**; cada vez que haga clic sobre este botón cambia el tipo de tabulación:

A la izquierda    Centrado          A la derecha          Decimal

↑

Ajusta las márgenes
izquierda y derecha de la página, sólo si está activa la
opción **Diseño de página**

Ajusta las márgenes
superior e inferior de la página, sólo si está activa la
opción **Diseño de página**

## Sangrados con la Regla

En este ejemplo se utilizan todos los señaladores
para sangrar el siguiente documento:

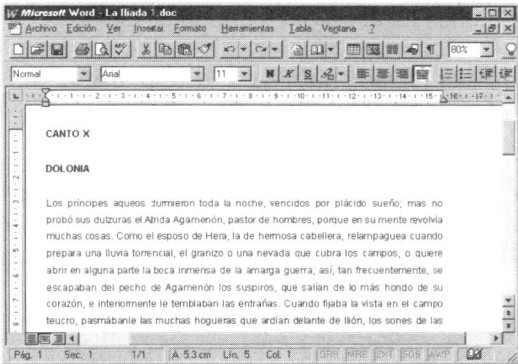

❯ Para definir el sangrado izquierdo del párrafo
   ubique el cursor en cualquier lugar del párrafo.

❯ Coloque el puntero del *mouse* sobre el pequeño
   cuadro que indica el sangrado izquierdo del
   párrafo y arrástrelo hasta la posición deseada.

Indicador
de sangrado
izquierdo

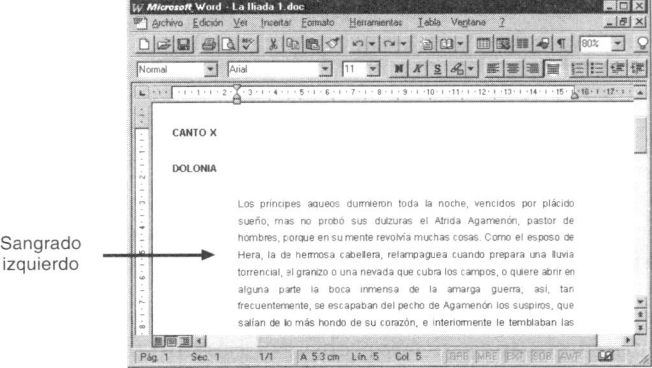

Sangrado
izquierdo

El sangrado de la primera línea se utiliza muchas veces para hacer un sangrado colgante, es decir, que la primera línea esté más hacia la izquierda o derecha, que las demás líneas del párrafo. Por ejemplo, para realizar esto siga los siguientes pasos:

▶ Ubique el cursor sobre cualquier lugar del párrafo.

▶ Coloque el puntero del *mouse* sobre el triángulo superior que se encuentra en la parte izquierda de la **Regla**, arrástrelo hacia la izquierda y tendrá el efecto requerido:

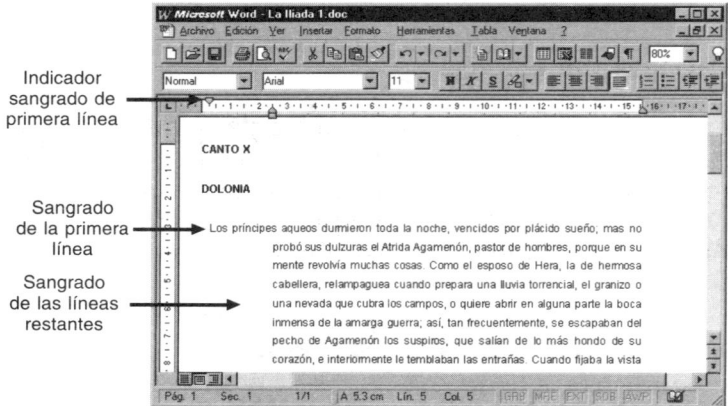

Para definir el sangrado derecho del párrafo haga lo siguiente:

▶ Ubique el cursor sobre cualquier posición del párrafo.

▶ Coloque el puntero del *mouse* sobre el triángulo que indica el sangrado derecho del párrafo y que se encuentra en la parte derecha de la **Regla**.

❧ Arrastre el *mouse* hacia la izquierda hasta la
posición deseada:

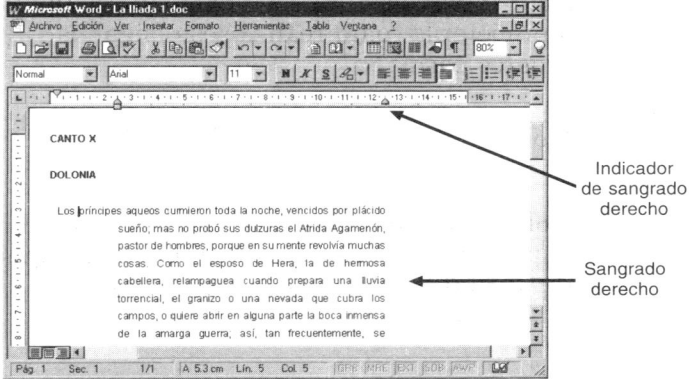

## Tabulaciones con la Regla

Puede ajustar tabulaciones desde la **Regla;** para
ello hay que seleccionar el tipo de tabulación
haciendo continuamente clic en el botón que está
en el extremo izquierdo de la **Regla** y colocando el
marcador de tabulado en la posición deseada sobre
dicha **Regla**.

Por ejemplo, suponga que tiene el siguiente
documento:

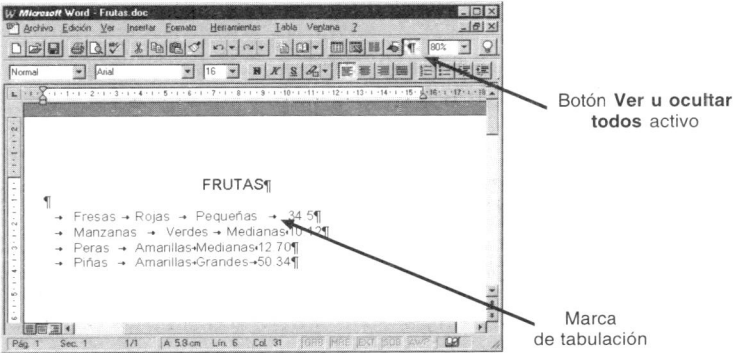

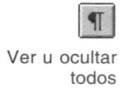

Ver u ocultar
todos

▶ Observe que el documento anterior representa una lista de datos separados con tabulaciones, marcas en forma de flecha que se indican en la figura. Si no visualiza las marcas, oprima el botón **Ver u ocultar todos** de la barra de herramienta **Formato**.

▶ Arrastre el puntero del *mouse* sobre el texto a seleccionar.

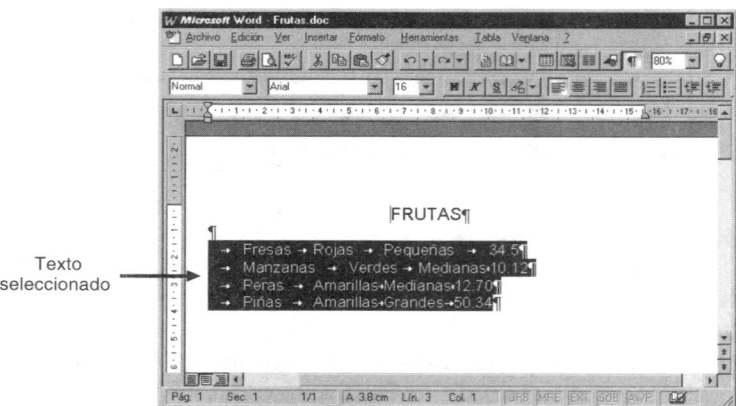

Texto
seleccionado

▶ Asegúrese de que el botón de tabulaciones esté en tabulación a la izquierda, si no es así haga clic varias veces sobre éste hasta que cambie a la forma requerida.

Tabulación
a la izquierda

▶ Una vez seleccionado el tipo de tabulación haga clic en la posición de la regla donde desea definir el tabulado.

❧ Como puede ver, los primeros datos quedan alineados a la izquierda.

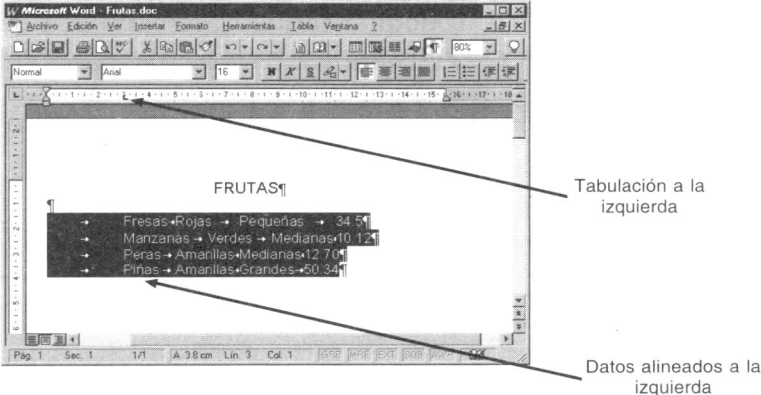

Tabulación a la izquierda

Datos alineados a la izquierda

❧ Inserte un tabulado centrado, uno a la derecha y otro decimal, tal y como se muestra en la siguiente figura:

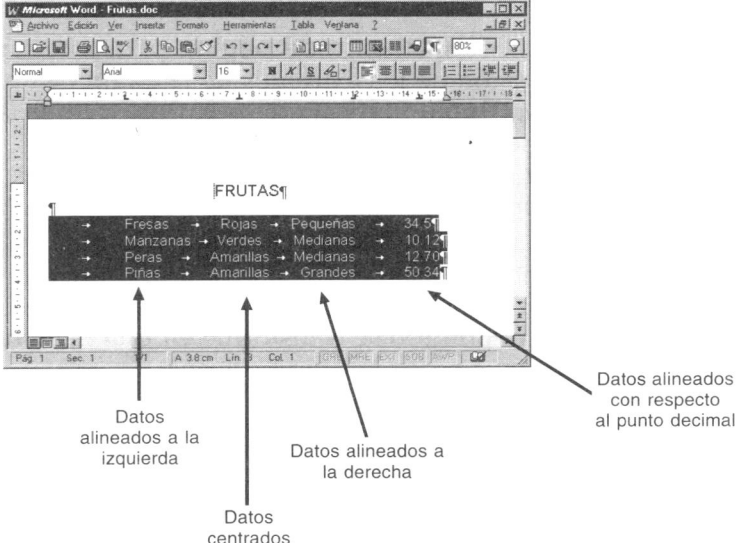

Datos alineados a la izquierda

Datos centrados

Datos alineados a la derecha

Datos alineados con respecto al punto decimal

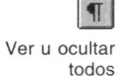

Ver u ocultar todos

▶ Desactive el botón **Ver u ocultar todos** de la barra de herramientas **Estándar** y haga clic para quitar la selección. El documento debe verse como el siguiente:

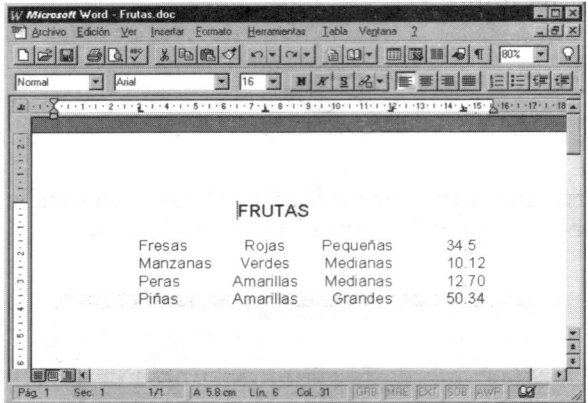

## Ajustar márgenes con la Regla

Diseño de Página

Pulse el botón **Diseño de página** para tener una mejor visión de los extremos de la página y aparecerá una **Regla** vertical que permitirá definir las márgenes superior e inferior del documento.

Para definir los márgenes izquierdo y derecho del documento haga lo siguiente:

▶ Coloque el *mouse* en la parte superior izquierda de la regla horizontal (área sombreada) hasta que el puntero se transforme en una línea horizontal con dos puntas de flecha.

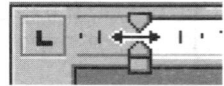

◗ Arrastre el puntero del *mouse* hasta obtener la medida deseada para el margen izquierdo.

◗ Sitúe el puntero del *mouse* en la parte derecha de la regla horizontal hasta que aquel cambie a una flecha doble.

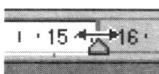

◗ Arrastre el puntero del *mouse* hasta obtener la medida deseada para el margen derecho.

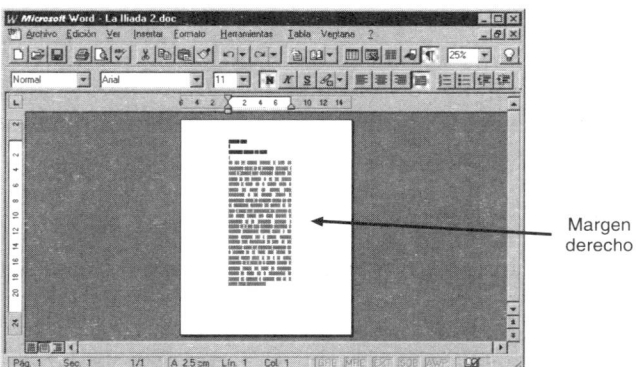

Margen derecho

Para definir los márgenes superior e inferior del documento haga lo siguiente:

◗ Ubique el puntero del *mouse* en el extremo superior de la regla vertical hasta que aquel cambie a una flecha doble vertical.

◗ Arrastre el puntero del *mouse* hasta obtener la medida para el margen superior.

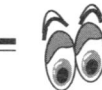

Si no logra visualizar las reglas, seleccione la orden **Regla** del menú **Ver**.

▶ Coloque el puntero del *mouse* en el extremo inferior de la regla vertical hasta que cambie a una flecha doble vertical.

▶ Arrastre el puntero hasta obtener el margen inferior deseado.

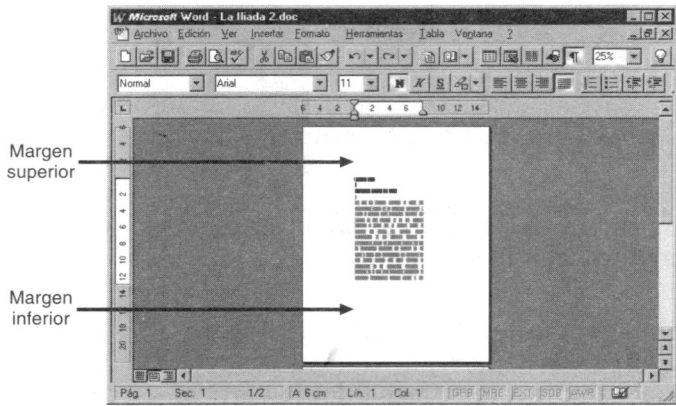

Margen superior

Margen inferior

▶ Finalmente, haga clic sobre el botón **Normal** localizado en la parte inferior izquierda de la pantalla, para cambiar al modo de presentación.

Normal

## Formatos automáticos

Una característica de Word 7.0 son los formatos automáticos entre los cuales se incluyen bordes, títulos, viñetas y números automáticos. Para que estos formatos funcionen mientras edita su documento, haga lo siguiente:

❱ Seleccione la orden **Opciones...** del menú **Herramientas**.

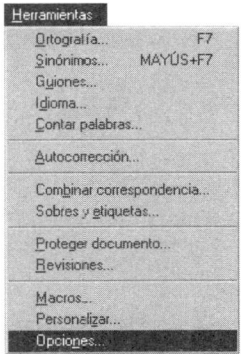

❱ ... y aparecerá el cuadro de diálogo **Opciones**; haga clic en la ficha **Autoformato**.

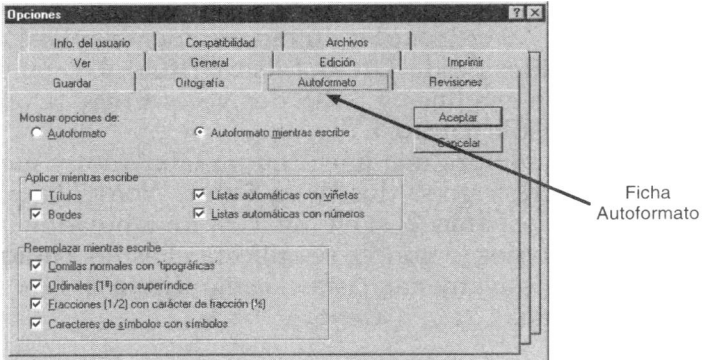

Ficha
Autoformato

❯ Seleccione la opción **Autoformato mientras escribe**.

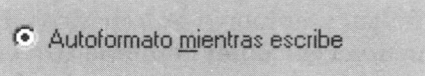

❯ Active todas las casillas de verificación en los cuadros **Aplicar mientras escribe** y **Reemplazar mientras escribe**.

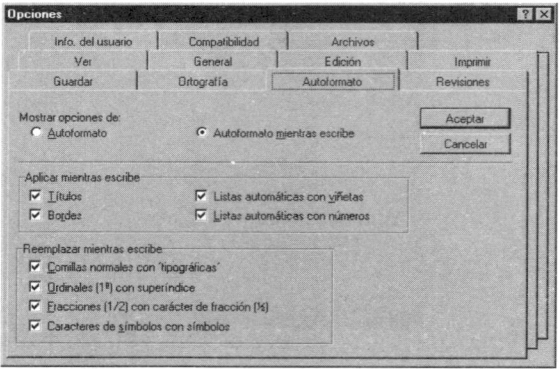

### Títulos automáticos

Word 7.0 crea títulos automáticamente aplicando los estilos desde **Título 1** hasta **Título 9**. Cuando escribe una línea y pulsa dos veces **Enter** se aplicará el estilo **Título 1**.

Si empieza una línea con un tabulador y luego de escribir pulsa dos veces **Enter**, Word 7.0 aplicará el estilo **Título 2**; si en lugar de un tabulador insertó dos, entonces se aplicará el estilo **Título 3** y así sucesivamente hasta el estilo **Título 9**. Por ejemplo:

◗ Digite el siguiente texto:

Qué lindas son las mañanas

◗ Pulse dos veces **Enter** y se aplicará el estilo **Título 1**, nótese que el **Cuadro del Asistente para ideas** presenta el siguiente mensaje:

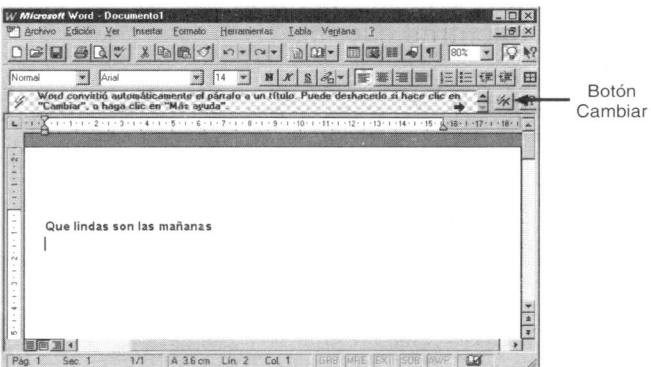

Botón
Cambiar

◗ Si no aparece el **Asistente para ideas,** pulse el botón del mismo nombre que se encuentra en la barra de herramientas **Estándar**.

Asistente
para ideas

Si no desea aplicar este formato y, por el contrario, quiere dejarlo normal, presione el botón **Cambiar** del **Cuadro del Asistente para ideas**.

◗ Escriba un párrafo cualquiera terminado con un punto y presione dos veces **Enter**, por ejemplo:

Éstas son las mañanitas
que cantaba el rey David.

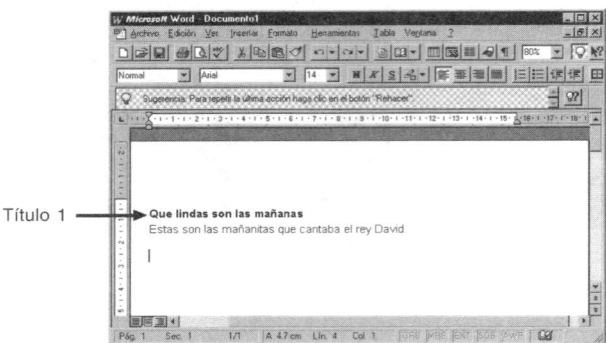

◗ Pulse la tecla **Tab** y escriba el siguiente texto:

Amanecerá y veremos

◗ ... presione dos veces **Enter** y vuelve a aparecer el mismo mensaje en el **Cuadro del Asistente para ideas** y el texto escrito toma formato de estilo **Título 2**.

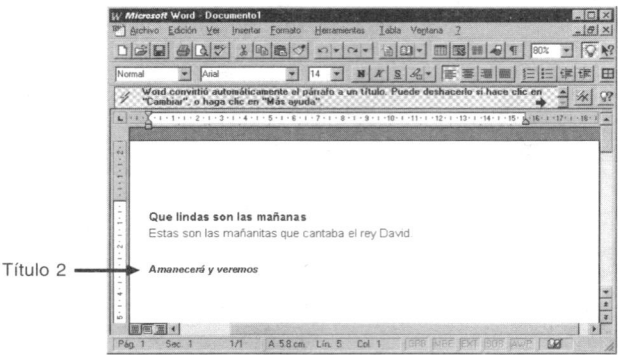

◗ Haga lo mismo que hizo antes pero con otro texto e insertando dos tabuladores, luego con tres y así sucesivamente hasta que consiga el estilo **Título 9**, como se muestra a continuación:

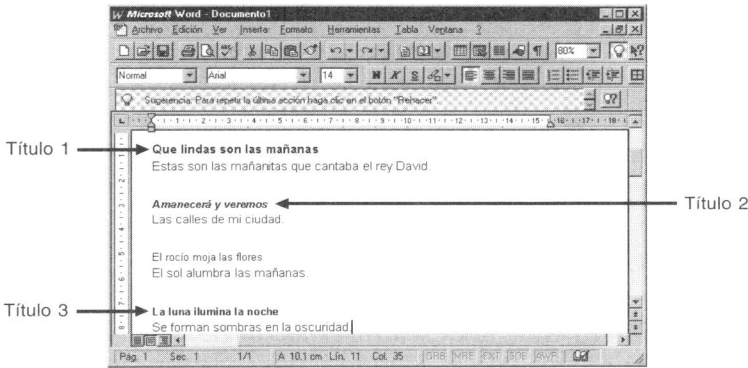

## Bordes automáticos

A continuación se muestra cómo insertar tres tipos de bordes automáticos.

◗ Pulse tres veces el signo menos (-), presione **Enter** y aparecerá el siguiente borde sencillo.

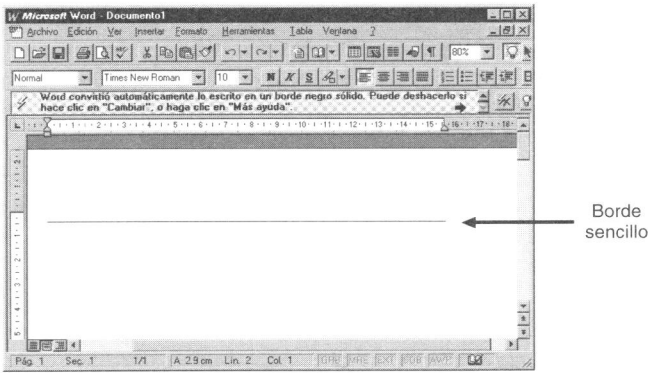

▶ Para insertar un borde sencillo en negrita pulse tres veces la línea horizontal del teclado "_" y presione **Enter**.

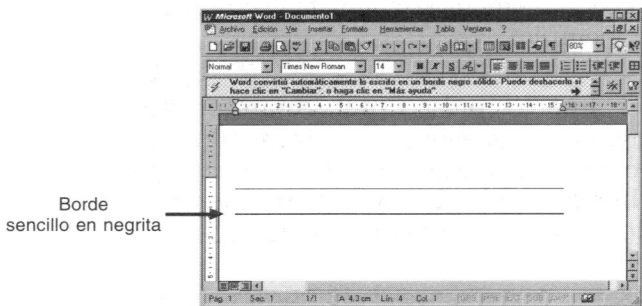

Borde
sencillo en negrita

▶ Finalmente, si desea insertar un borde doble pulse tres veces el signo igual (=) y presione **Enter**.

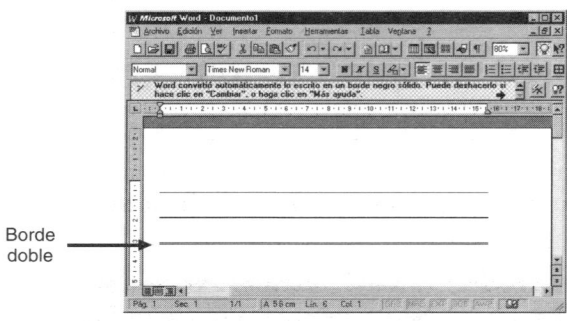

Borde
doble

Cada vez que inserte un borde automático puede aparecer un mensaje como el siguiente en el **Cuadro del Asistente para ideas**.

Botón Más ayuda

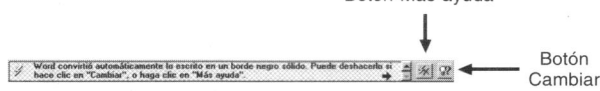

Botón
Cambiar

## Listas con viñetas y números automáticos

Cada vez que comience una lista con un número, un punto y espacio, o un asterisco, automáticamente inserta a cada elemento de la lista ese número o viñeta, por ejemplo:

▶ Escriba 1. Enero y pulse **Enter**. Aparecerá automáticamente en la siguiente línea el número correspondiente, en este caso el 2; observe que el botón **Números** de la barra de herramientas **Formato** se activa automáticamente.

Números

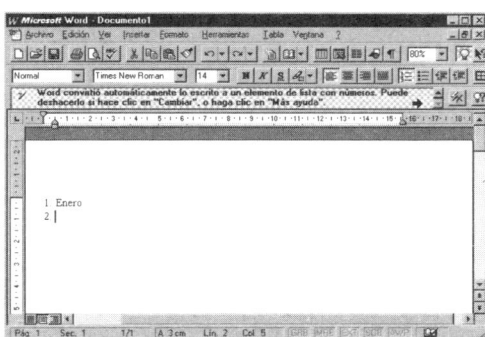

▶ Inserte los demás elementos de la lista de tal forma que quede así:

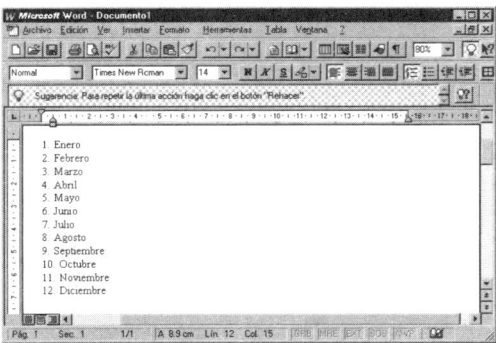

▶ Si no desea insertar más elementos a la lista, presione **Enter** y desactive el botón **Números** de la barra de herramientas **Formato**.

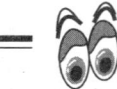

Para insertar viñetas automáticas siga el mismo proceso anterior pero, en lugar de insertar un número escriba un asterisco (*) al iniciar la lista. Con esto se activará el botón **Viñetas** de la barra de herramientas **Formato**.

# Impresión de un documento

Antes de imprimir cualquier documento es conveniente tener una idea del aspecto que tendrá una vez impreso; para ello existe la opción **Presentación preliminar**. También es necesario realizar ajustes a las páginas del documento, esto se hace con la orden **Preparar página...**

### Preparar página

Con la orden **Preparar página...** del menú **Archivo** puede ajustar aspectos del documento como: márgenes, orientación del papel y tamaño de la página. Al seleccionar esta orden se abre la ventana **Preparar página** que tiene cuatro fichas: **Márgenes**, **Tamaño del papel**, **Fuente del papel** y **Diseño de página**.

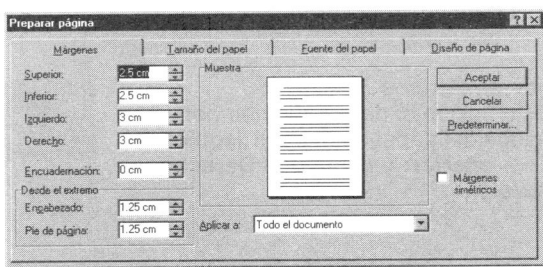

**111**

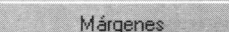

**Márgenes**
En esta ficha se establecen las
dimensiones de las márgenes.

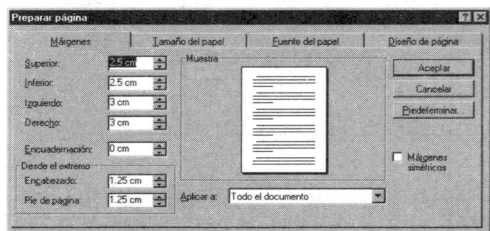

En esta área se puede modificar la
distancia de los márgenes en los
recuadros **Superior:**, **Inferior:**,
**Izquierdo:** y **Derecho:** Además, es
posible definir las distancias de
encuadernación.

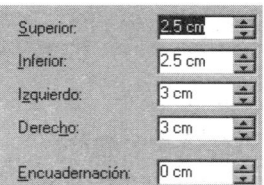

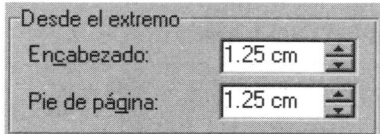

**Desde el extremo**
Puede cambiarse la distancia del **Encabezado:** y **Pie de
página:** con respecto al borde de la hoja.

**Márgenes simétricos**
Active esta opción si desea imprimir por
ambos lados del papel; el margen **Izquierdo:**
cambia por **Interior:** y el margen **Derecho:**
por **Exterior:**

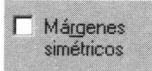

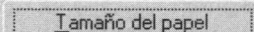

## Tamaño del papel
Aquí se definen las dimensiones del papel y la orientación del mismo para la impresión.

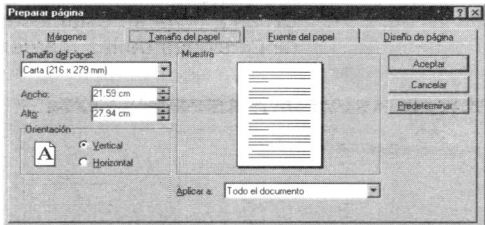

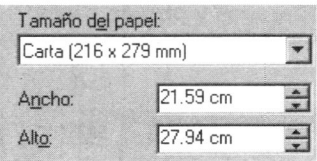

## Tamaño del papel:
Puede seleccionar el tamaño del papel en la lista desplegable o escribir las medidas en los recuadros de **Ancho:** y **Alto:**

## Orientación
Aquí se elige la orientación del papel para la impresión, ya sea **Vertical** u **Horizontal**.

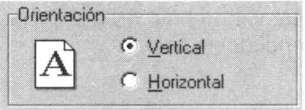

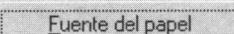

## Fuente del papel
En esta área se selecciona la bandeja que alimenta con papel la impresora. Dependiendo del tipo de impresora pueden existir una o más bandejas.

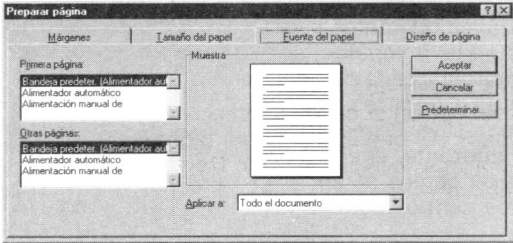

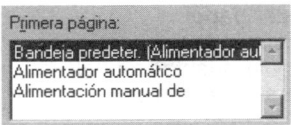

**P<u>r</u>imera página:**
En esta lista seleccione la bandeja de donde extraerá el papel para imprimir la primera página.

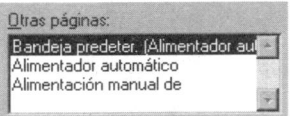

**<u>O</u>tras páginas:**
Aquí se escoge la fuente de alimentación para las páginas diferentes de la primera.

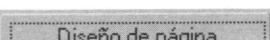

**<u>D</u>iseño de página**
En esta ficha se definen aspectos de las secciones, encabezados y pies de página, alineación y numeración de líneas.

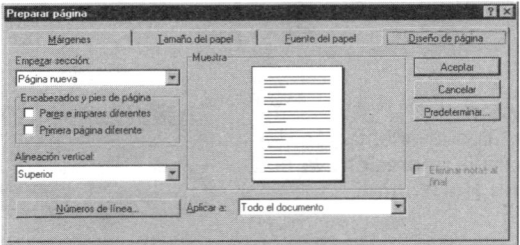

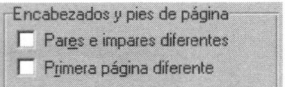

**Empe<u>z</u>ar sección:**
Defina en esta área dónde comenzará una sección.

**Encabezados y pies de página**
Genera pies de página o encabezados diferentes para páginas pares e impares, al seleccionar la casilla de verificación **Par<u>e</u>s e impares diferentes**. Si se activa **P<u>r</u>imera página diferente**, el encabezado o pie de página serán diferentes para el resto de las páginas.

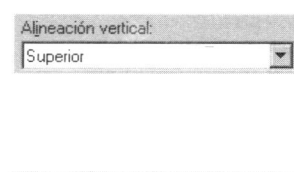

**Alineación vertical:**
Seleccione aquí el tipo de alineación vertical del documento: **Superior**, **Centrada** o **Justificada**.

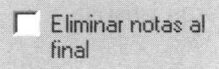

**Números de línea...**
Al oprimir este botón se activa el cuadro de diálogo **Número de línea**, donde se establece cómo se realizará la numeración de las líneas, con qué intervalo y a partir de donde.

**Eliminar notas al final**
Al activar esta casilla las notas al final de la sección irán al principio de las notas de la sección siguiente.

Las siguientes opciones son comunes para las cuatro fichas del cuadro **Preparar página**.

**Aplicar a:**
Se selecciona la parte del texto en donde se desean aplicar los cambios realizados: **Todo el documento** o **De aquí en adelante**. Puede que aparezcan más opciones si el documento está dividido en secciones.

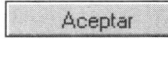

**Aceptar**
Cierra el cuadro **Preparar página** y guarda los cambios.

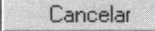

**Cancelar**
Cierra el cuadro **Preparar página** y no guarda los cambios.

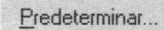

**Predeterminar...**
Almacena los cambios hechos en el cuadro de diálogo **Preparar página** como predeterminadas.

**Muestra**
Se visualiza una simulación de las opciones seleccionadas en la ventana.

Para definir las márgenes del documento siga estos pasos:

▶ Haga clic sobre la ficha **Márgenes** de la ventana de diálogo **Preparar página**.

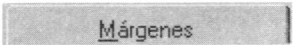

▶ En el recuadro **Superior:** escriba 5.5, en el **Inferior:** digite 4, en el cuadro **Izquierdo** escriba 4.5 y en el **Derecho** digite 3.5.

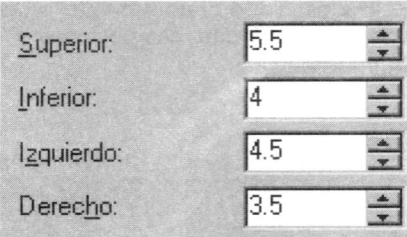

◗ Pulse el botón **Aceptar** y el documento tomará el siguiente aspecto:

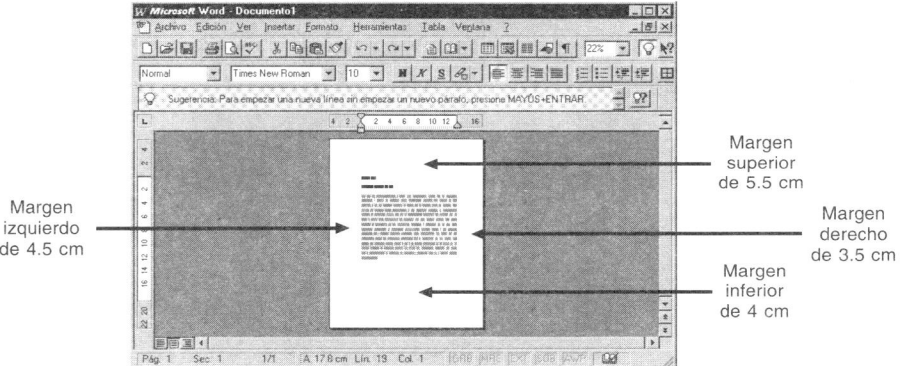

Margen superior de 5.5 cm

Margen derecho de 3.5 cm

Margen inferior de 4 cm

Margen izquierdo de 4.5 cm

## Presentación preliminar

Una vez definido el aspecto de la página es conveniente ver cómo va a quedar antes de imprimirla. Para esto se utiliza la ventana **Presentación preliminar**.

◗ Para ver esta ventana seleccione la orden **Presentación preliminar** del menú **Archivo**.

Presentación preliminar

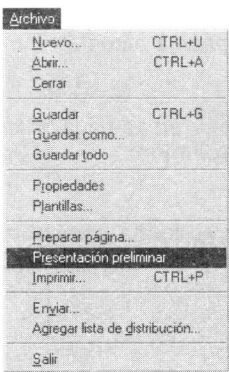

▶ ... y aparecerá la ventana **Presentación preliminar**.

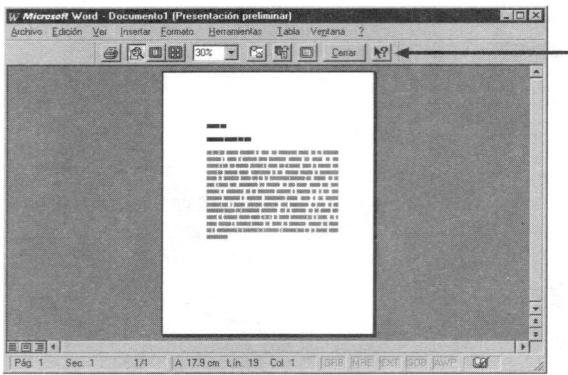

Barra de
herramientas
Presentación
preliminar

**Imprimir**
Inicia el proceso de impresión con las opciones
predeterminadas.

**Aumentar**
Activa y desactiva la opción de **Zoom** para aumentar
o disminuir la visualización de la página.

**Una página**
Muestra sólo la página actual.

**Varias páginas**
Muestra a la vez diversas páginas en la ventana
**Presentación preliminar**.

**Zoom**
Modifica en forma porcentual la escala de
visualización del documento.

**Ver regla**
Muestra y oculta la **Regla**.

 **Reducir hasta ajustar**
Reduce de una en una la cantidad de páginas de un documento.

 **Pantalla completa**
Permite emplear toda la pantalla en la ventana **Presentación preliminar** ocultando todo, excepto los botones.

 **Cerrar**
Cierra la ventana **Presentación preliminar**.

 **Ayuda**
Permite tener ayuda sobre un comando o parte de la ventana.

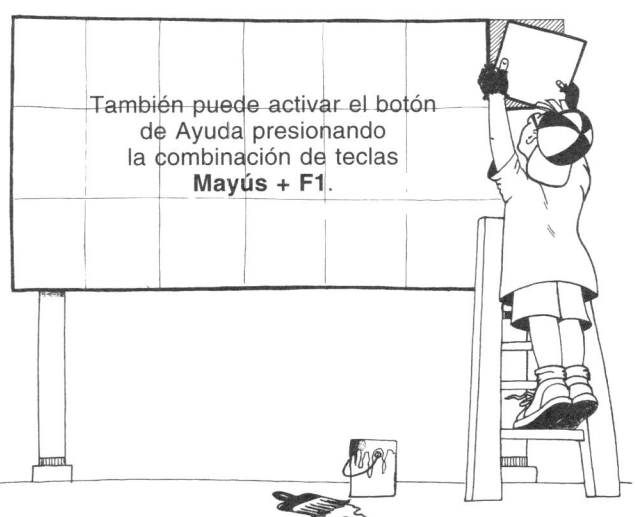

También puede activar el botón de Ayuda presionando la combinación de teclas **Mayús + F1**.

## Imprimir

Después de realizar el ajuste de las páginas del documento y ver su presentación preliminar, puede continuar con la impresión.

Para realizar la impresión del documento siga los siguientes pasos.

Imprimir

◗ Seleccione la orden **Imprimir...** del menú **Archivo** o pulse la combinación de teclas **Ctrl + P**.

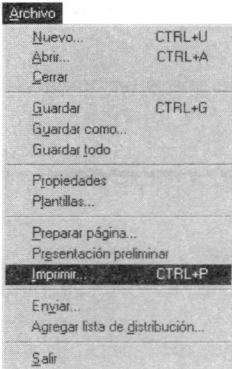

◗ ... y aparece el cuadro de diálogo **Imprimir**.

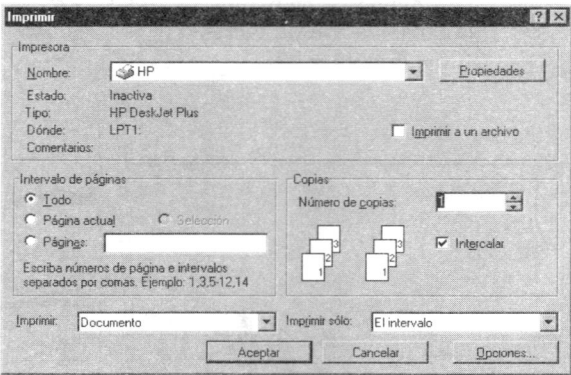

‣ Seleccione la opción <u>**T**</u>**odo** en el área de **Intervalo de páginas** si aún no lo ha hecho.

Si desea imprimir sólo la página, escoja la opción
**Página actual**; si quiere imprimir un rango, seleccione la opción **Pág<u>i</u>nas:** y escriba los números de
página o intervalos separados por comas y guiones
respectivamente, por ejemplo, 3, 4, 5, 10-15.

‣ Si ha seleccionado una parte del documento y
desea imprimir solo esta porción, elija la opción
**Selección**.

‣ Pulse el botón **Aceptar** para comenzar con la
impresión del documento. En la parte derecha
de la barra de estado aparece un icono animado
indicando la impresión del documento.

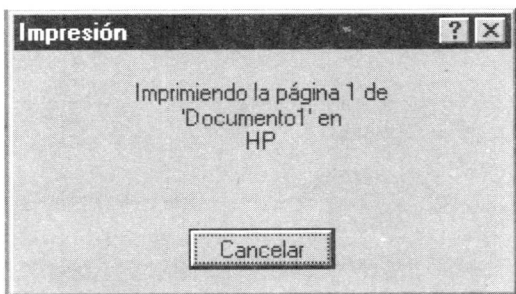

Aparece un cuadro de mensaje indicando el
proceso de impresión.

Icono animado de
impresión

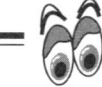

**Impresora:**
Muestra la referencia de la impresora activa.

**Propiedades**
Muestra un cuadro de diálogo con las propiedades de la impresora seleccionada.

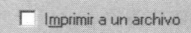

**Imprimir a un archivo**
Al seleccionar esta casilla se imprime el documento en un archivo en lugar de mandarlo a la impresora.

**Intervalo de páginas**
Puede especificar las páginas o parte del texto que desea imprimir.

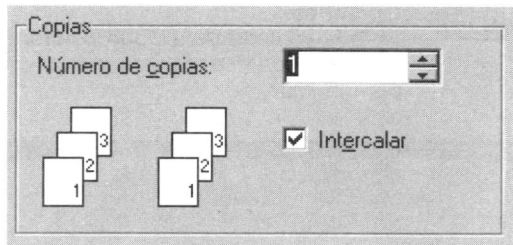

## Copias

Aquí se define la cantidad de copias y el orden de éstas en el proceso de impresión. En **Número de copias:** se escribe o se selecciona el número de copias a imprimir. Use la casilla **Intercalar** para organizar las páginas del documento cuando imprima varias copias.

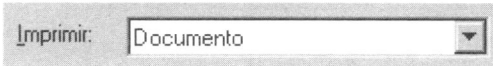

## Imprimir:

Permite seleccionar el tipo de información que se desea imprimir, como resúmenes, anotaciones, etc.

## Imprimir sólo:

Aquí se escoge el grupo de páginas a imprimir.

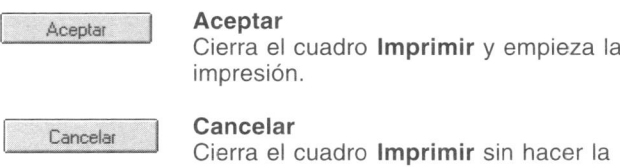

**Aceptar**
Cierra el cuadro **Imprimir** y empieza la impresión.

**Cancelar**
Cierra el cuadro **Imprimir** sin hacer la impresión.

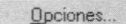

**Opciones...**

Abre la ventana de diálogo **Opciones** donde puede especificar otras alternativas para la impresión.

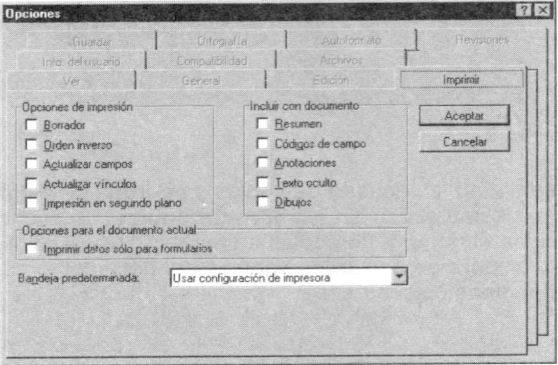

# Creación
# y aplicación
# de estilos

Los estilos son un conjunto de características prede-
finidas, como tamaños, tipos de fuentes, sangrías,
etc., que el usuario puede guardar y luego aplicar a
determinado texto. El siguiente documento servirá
como ejemplo para la creación y aplicación de
estilos:

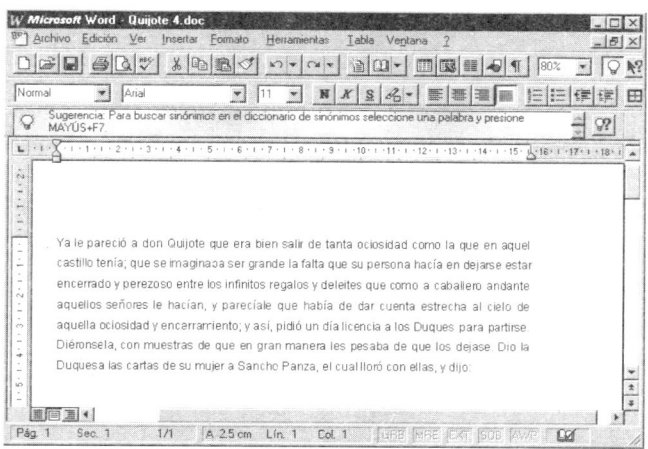

### Creación de estilos de carácter

El estilo de carácter permite aplicar un formato específico al texto seleccionado. Siga los siguientes pasos para la creación de un estilo de carácter:

▶ Seleccione la orden **Estilo...** del menú **Formato**.

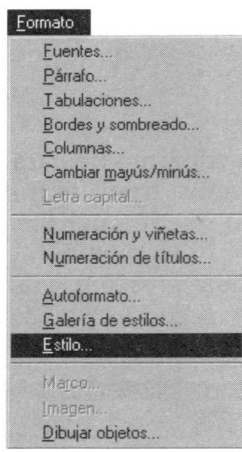

▶ ... y se abre el cuadro de diálogo **Estilo**.

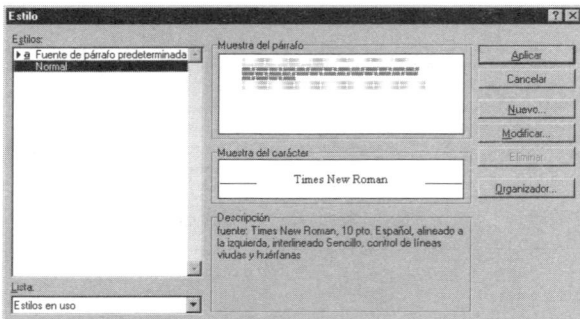

▶ Pulse el botón **Nuevo...** y se activará la ventana de diálogo **Nuevo estilo**.

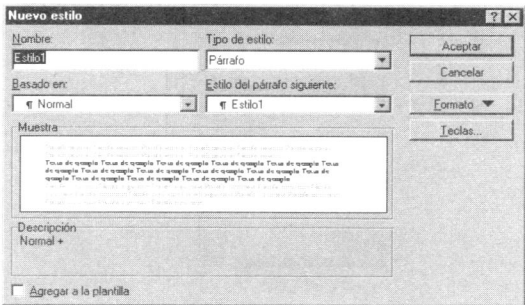

▶ Presione la flecha del recuadro **Tipo de estilo:** y seleccione Carácter en la lista desplegable.

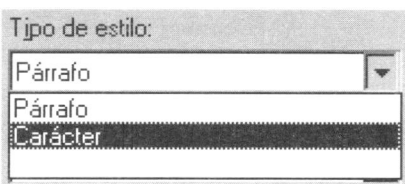

▶ En **Nombre:** digite Estilo_Letras, que es el nombre del estilo que se va a crear.

◗ Pulse el botón **Formato** y en la lista seleccione **Fuente...** y aparecerá el cuadro de diálogo **Fuentes**.

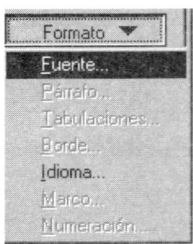

◗ Seleccione un tipo de letra en la lista **Fuente:** escoja Bookman, en **Estilo de fuente:** seleccione negrita y en **Tamaño:** elija 20.

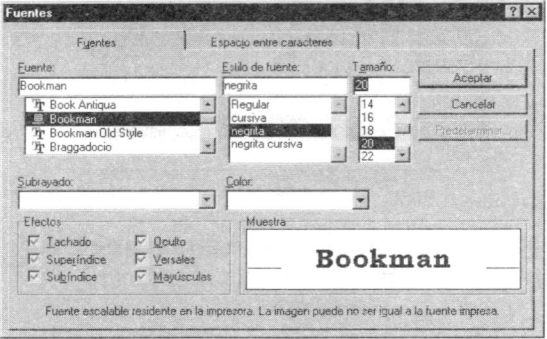

✗ Puede tener acceso a la lista **Estilo** de la barra de herramientas **Formato** pulsando las teclas **Ctrl + Mayús + E**.

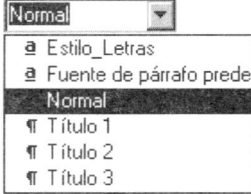

✘ Puede aplicar el estilo **Normal** pulsando la combinación de teclas **Ctrl + Mayús + A**.

❱ Presione el botón **Aceptar** en los cuadros **Fuente** y **Nuevo estilo** y aparecerá el cuadro **Estilo**.

Nuevo
estilo
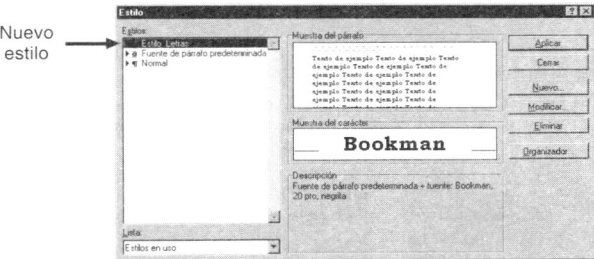

Como puede observar, en el cuadro de la lista **Estilos:** se muestra el estilo creado.

❱ Pulse el botón **Cerrar** para regresar a la ventana del documento.

**Estilos:**
Lista de estilos disponibles.

**Lista:**
Aquí se establece el tipo de estilo que desea que aparezca en la lista E**s**tilos:

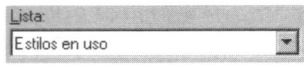

**Muestra del párrafo**
Simulación del estilo en el párrafo seleccionado.

**Muestra del carácter**
Simulación del estilo de carácter.

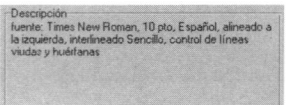

**Descripción**
En esta área se explican las características del estilo que está seleccionado en la lista E**s**tilo:, como espacios, sangrías, fuentes, etc.

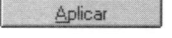

**Aplicar**
Asigna determinado estilo al texto o párrafo actual.

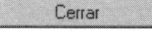

**Cerrar**
Cierra la ventana **Estilo** sin guardar cambios. Nótese que este botón se activa despues de oprimir botones como **Aplicar**, **Nuevo...**, **Modificar...** o **Eliminar**.

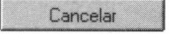

**Cancelar**
Es similar al botón **Cerrar** y desactiva la ventana **Estilo** sin guardar cambios.

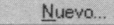

**Nuevo...**
Abre la ventana **Nuevo estilo** para generar un nuevo estilo.

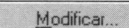

**Modificar...**
Abre la ventana **Modificar estilo** para alterar un determinado estilo.

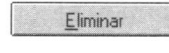 **Eliminar**
Borra el estilo seleccionado.

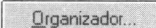 **Organizador...**
Abre la ventana **Organizador** para organizar, modificar y copiar estilos entre plantillas.

## Aplicar un estilo de carácter

Luego de crear un estilo, puede aplicarlo con sólo seleccionarlo en la lista desplegable **Estilo** de la barra de herramientas **Formato**.

◗ Seleccione un texto.

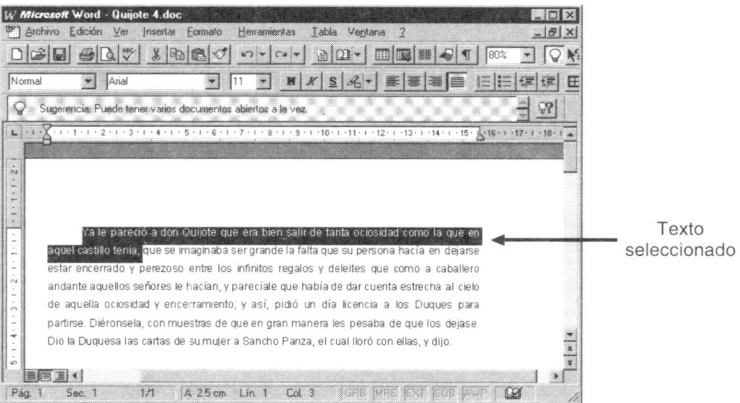

Texto seleccionado

◗ Pulse la flecha hacia abajo que corresponde al recuadro **Estilo** de la barra de herramientas **Formato** y se despliega la lista de estilos.

◗ Seleccione en esta lista el Estilo_Letras, que fue el creado anteriormente.

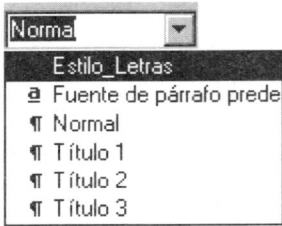

◗ Presione una flecha del teclado para quitar la selección y el texto quedará con el formato definido:

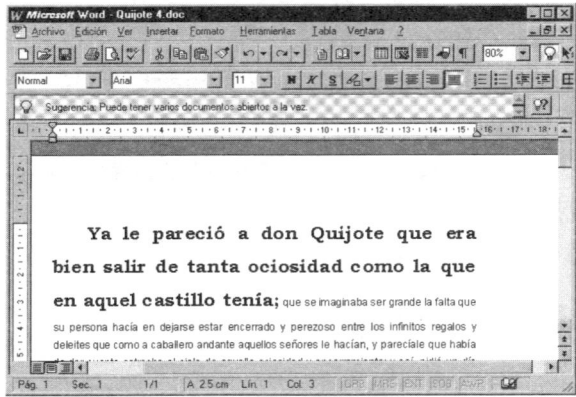

## Creación de estilos de párrafo

Los estilos de párrafo son útiles cuando se aplican con mucha frecuencia determinados formatos a un documento.

Siga los siguientes pasos para la creación de un estilo de párrafo con el nombre Estilo_Párrafo.

❧ Haga tres veces clic sobre el primer párrafo del documento para seleccionarlo.

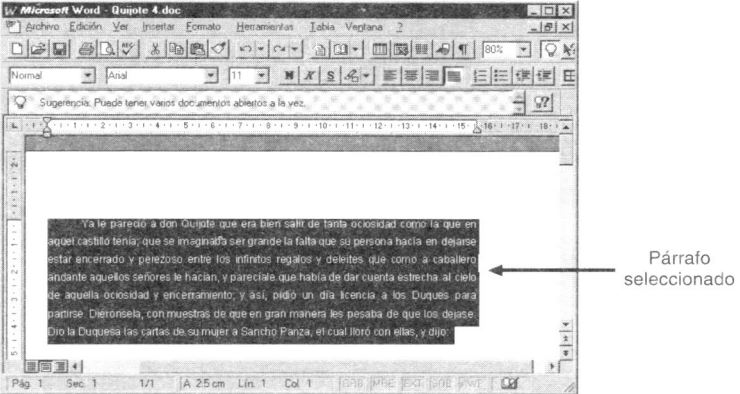

Párrafo
seleccionado

❧ Presione el botón **Destacar** de la barra de herramientas **Formato** y seleccione el color amarillo.

Destacar

Centrar

▶ Seleccione nuevamente el párrafo, pulse la flecha hacia abajo que corresponde al recuadro **Fuente** de la barra de herramientas **Formato**, escoja Bookman en la lista desplegable y oprima el botón **Centrar**.

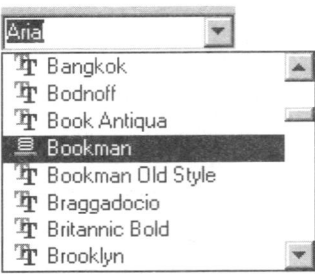

▶ Elija la orden **P**á**rrafo...** del menú **F**ormato y aparecerá la ventana de diálogo **Párrafo**.

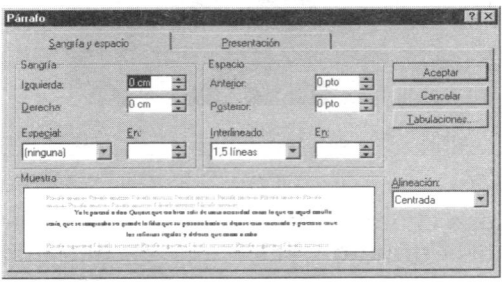

▶ Seleccione la ficha **Sangría y espacio**, pulse la flecha hacia abajo que corresponde al recuadro **I**nterlineado: escoja Doble en la lista desplegable y presione el botón **Aceptar**.

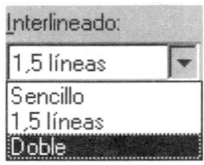

❿ Haga clic fuera del texto para desactivar la selección.

❿ Asegúrese de que el cursor esté sobre el párrafo al que se aplicó el formato y seleccione la orden **Estilo...** del menú **Formato**.

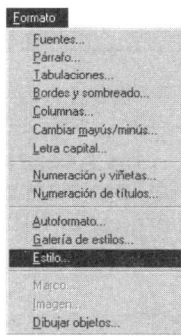

❿ Se abre la ventana de diálogo **Estilo**.

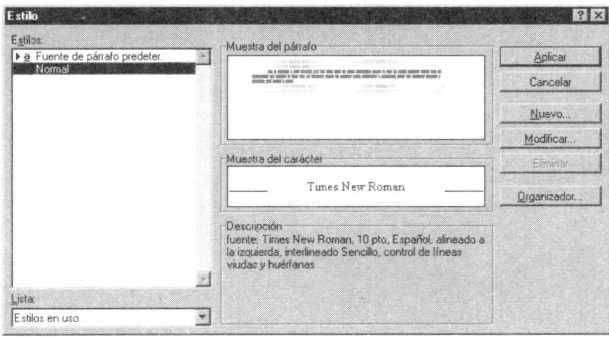

❿ Oprima el botón **Nuevo...** para abrir la ventana de diálogo **Nuevo estilo**.

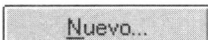

❧ Pulse la flecha hacia abajo del recuadro **Tipo de estilo:** y seleccione **Párrafo** en la lista desplegable.

❧ Digite en el recuadro **Nombre:** Estilo_Párrafo, que es el nombre que se le va a dar al estilo de párrafo.

❧ Haga clic sobre el botón **Aceptar** para cerrar el cuadro de diálogo **Nuevo estilo** y el nombre del nuevo estilo aparecerá en la lista de **Estilos:** del cuadro de diálogo **Estilo**.

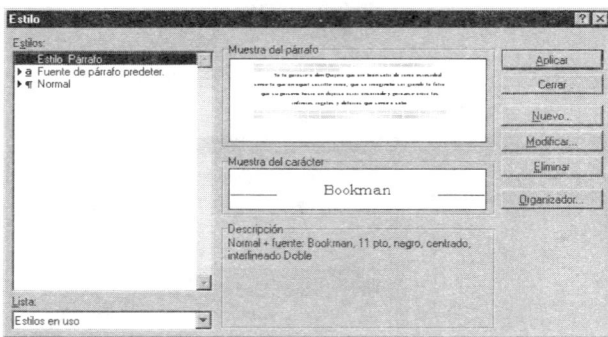

◗ Haga clic sobre el botón **Cerrar** para desactivar la ventana de diálogo **Estilo**.

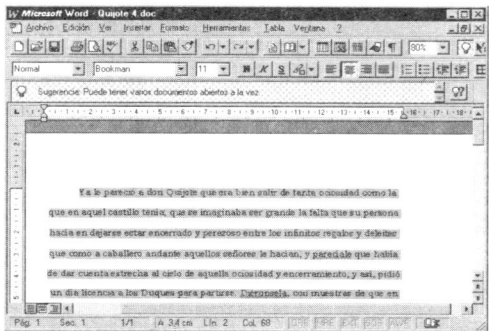

◗ Despliegue la lista de **Estilo** de la barra de herramientas **Formato** para observar que el nuevo estilo está incluido en esta lista.

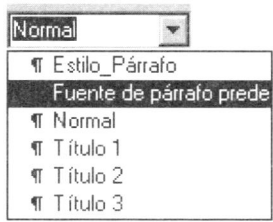

## Aplicación del nuevo estilo de párrafo

Un estilo de párrafo puede aplicarse al texto deseado con sólo seleccionar en la lista desplegable **Estilo** de la barra de herramientas **Formato**.

◗ Sitúe el cursor en un párrafo del documento.

◗ Pulse la flecha hacia abajo que corresponde al recuadro **Estilo** de la barra de herramientas **Formato**.

▶ Seleccione
Estilo_Párrafo, en la lista
desplegable **Estilo**.

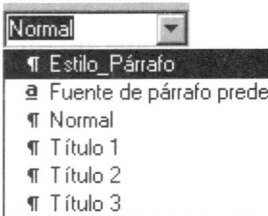

▶ Finalmente, el documento quedará como se
muestra en la siguiente figura:

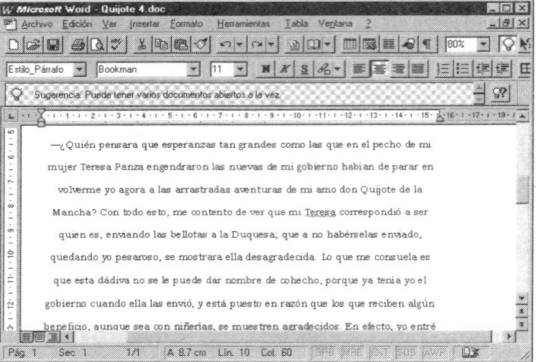

Nótese que los nombres de los estilos de carácter
aparecen con el símbolo **a** mientras que los de
párrafo tienen ¶, con el fin de diferenciarlos.

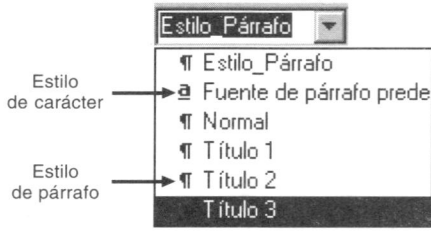

# Asistentes, plantillas y formularios

El uso de los asistentes es de suma utilidad para crear documentos especiales como cartas, agendas, calendarios, boletines, circulares, etc. En este capítulo se verá cómo generar un boletín con un asistente.

### Crear un boletín

En la creación de un boletín, Word 7.0 ofrece varias alternativas diferentes de diseño. En el siguiente ejemplo se utilizará la opción **Asistente para boletines**.

▶ Seleccione la orden **Nuevo...** del menú **Archivo**.

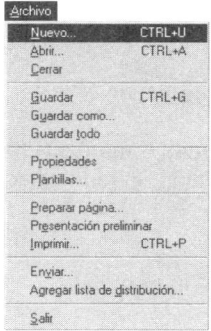

**139**

▶ ... y se abre el cuadro de diálogo **Nuevo**.

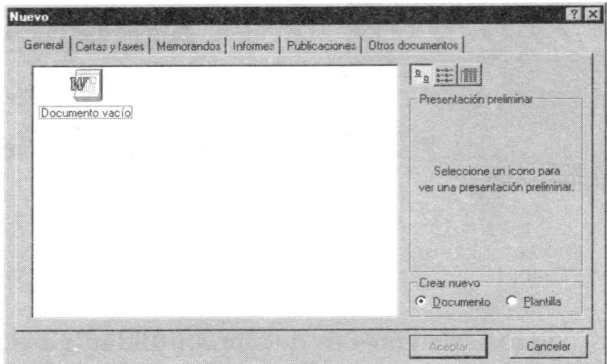

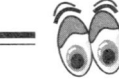

La ventana **Nuevo** está compuesta de varias fichas que ayudan a generar diferentes tipos de documentos de manera automática:

- ✗ General
- ✗ Cartas y faxes
- ✗ Memorandos
- ✗ Informes
- ✗ Publicaciones
- ✗ Otros documentos

Puede que aparezcan más o menos fichas de acuerdo a como se haya especificado en la instalación.

En este cuadro se muestra el contenido de la ficha seleccionada.

**Iconos grandes**
Muestra el contenido de la ficha actual en iconos grandes.

**Lista**
Muestra en forma de lista el contenido de la ficha actual.

**Detalles**
Muestra el contenido de la ficha actual con las características de cada uno de los archivos, es decir, tamaño, tipo y fecha.

**Presentación Preliminar**
En esta área se visualiza el aspecto del asistente o plantilla seleccionado.

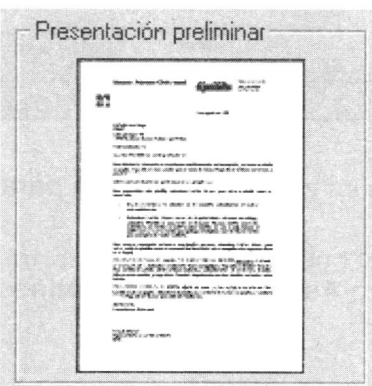

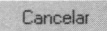

**Crear nuevo**
Permite crear un documento nuevo o una plantilla nueva, según la selección.

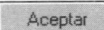

**Cancelar**
Cierra el cuadro de diálogo sin crear un nuevo documento.

**Aceptar**
Abre un nuevo documento a partir de la plantilla seleccionada.

▶ Seleccione la ficha **Publicaciones**.

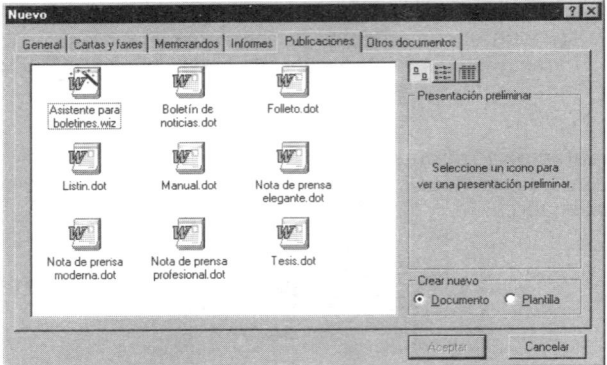

▶ Haga clic en el icono **Asistente para boletines**.

▶ Oprima el botón **Aceptar** y se abrirá la ventana de diálogo **Asistente para boletines**.

● En **¿Qué estilo desea usar?** seleccione la opción **M**oderno.

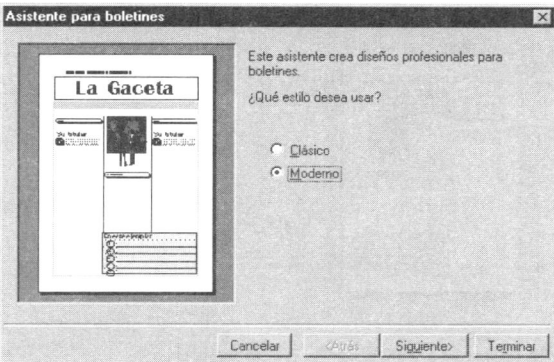

● Haga clic en el botón **Siguiente>**.

● En **¿Cuántas columnas desea?** seleccione **D**os.

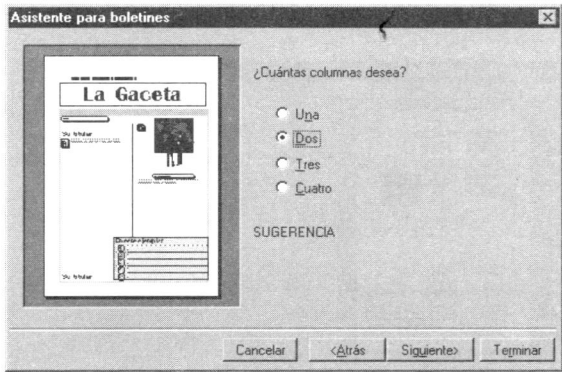

● Pulse el botón **Siguiente>** y se abre la tercera ventana del asistente.

◗ Asigne un nombre de boletín, por ejemplo, PC
FÁCIL.

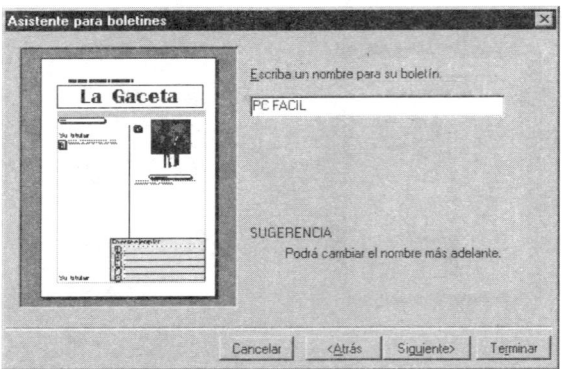

◗ Pulse el botón **Siguiente>** para continuar y se
abrirá la cuarta ventana.

◗ En el recuadro **¿Cuántas páginas necesita
para su boletín?**, escriba 2.

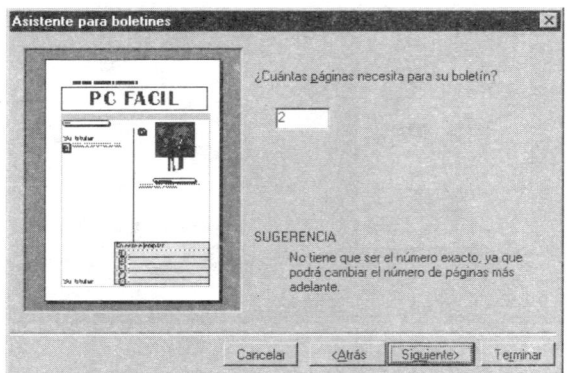

◗ Oprima el botón **Siguiente>**.

◗ Active todas las casillas de verificación de **¿Qué información desea incluir?**

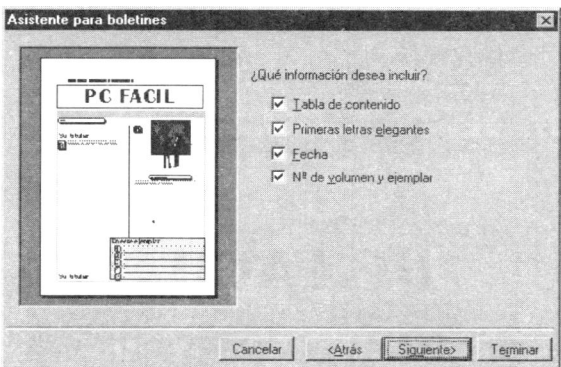

◗ Haga clic en el botón **Siguiente>** y se abrirá la quinta ventana del asistente. Seleccione la opción **No, prefiero ver el boletín.**

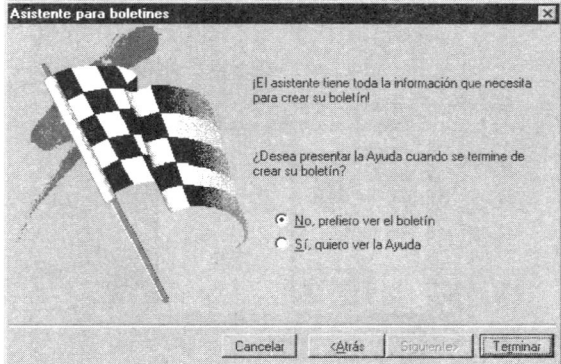

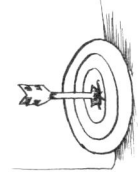

◗ Pulse el botón **Terminar** y se cerrará la ventana del asistente.

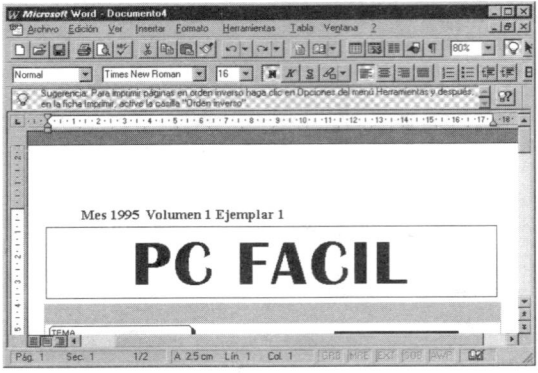

Zoom

◗ Oprima el botón **Zoom** de la barra de herramientas **Estándar**, seleccione la opción Dos páginas y el boletín tendrá el siguiente aspecto:

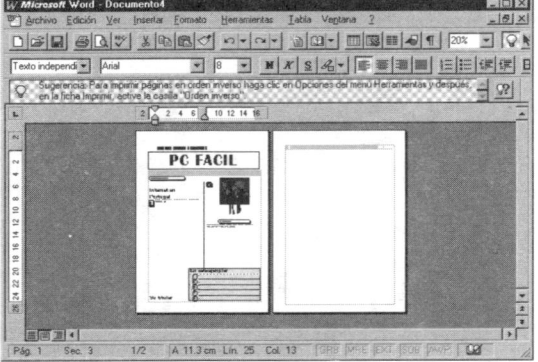

### Edición de un boletín

Una vez terminada la creación del boletín con el asistente, se procede a la introducción del texto.

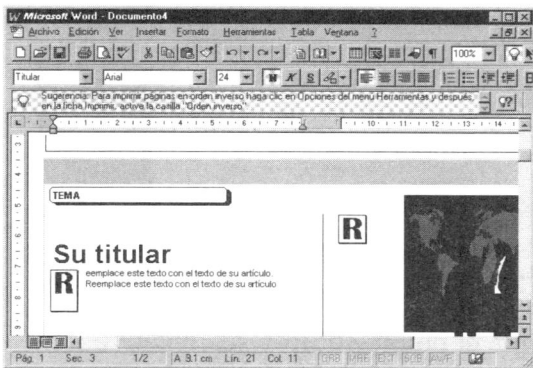

Las diferentes áreas del boletín aparecen marcadas para que se complete el texto. Siga estos pasos para añadir texto al boletín:

▶ En la sección **TEMA** escriba COMUNICACIONES.

▶ En **Su titular** escriba Internet en Portugal.

▶ En la parte siguiente del boletín digite:

La gran red mundial comunica a Portugal con el resto del mundo!!!

◗ El documento tendrá el siguiente aspecto:

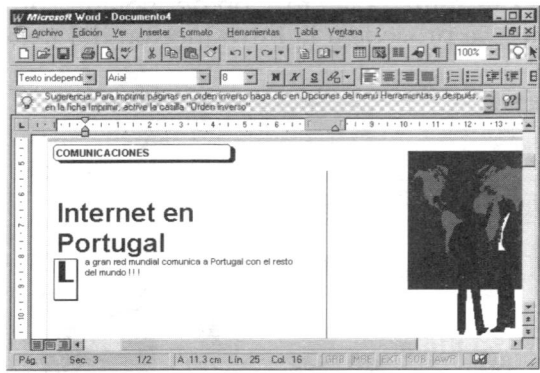

80% ▼

Zoom

◗ Oprima el botón **Zoom** y seleccione 25%.

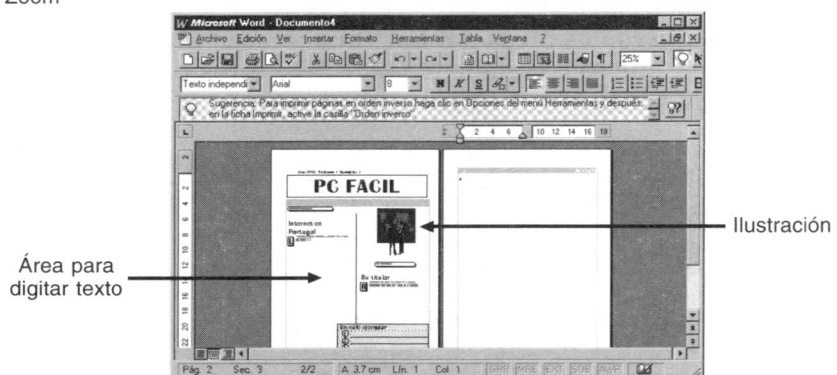

Área para
digitar texto

Ilustración

Nótese que existen otras áreas disponibles para
almacenar texto e ilustración.

◗ Posicione el cursor en la página 2, y en el botón
**Zoom** seleccione 100%.

◗ Escriba el siguiente texto:

Toda la información que necesite la podrá encontrar en la red Internet: videos, música, arte, comunicaciones, educación, humor, etc.

◗ ... y la segunda página tendrá este aspecto:

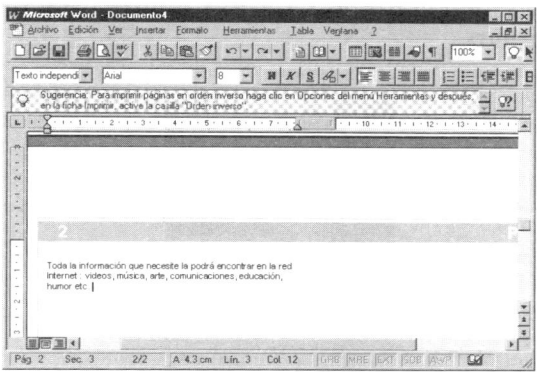

Word 7.0 le ofrece varios asistentes que le ayudarán a crear documentos especiales muy fácilmente.

## Guardar el documento como plantilla

El diseño y formato del boletín anterior puede servir para generar nuevos boletines con el mismo estilo; para esto hay que guardar el documento como plantilla para crear luego un documento similar. Siga estos pasos:

▶ Seleccione la orden **Guardar como...** del menú **Archivo**.

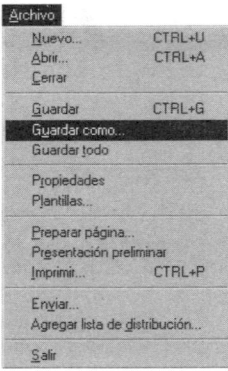

▶ ... y se abre el cuadro de diálogo **Guardar como**.

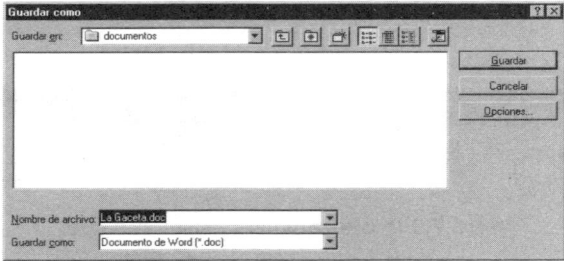

▶ Pulse la flecha hacia abajo del recuadro **Guardar como:** y seleccione **Plantilla de documento** en la lista desplegable.

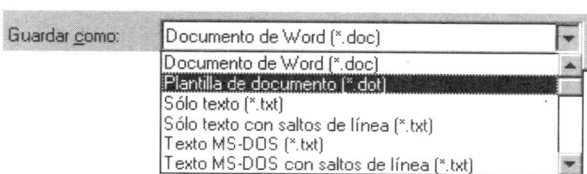

▶ Escriba en el recuadro de **Nombre de archivo:** Fácil, el nombre que se asignará a la nueva plantilla, y pulse el botón **Guardar**.

### Abrir un documento a través de una plantilla

Si desea abrir un documento a partir de la plantilla FÁCIL, creada en el ejemplo anterior, haga lo siguiente:

▶ Seleccione la orden **Nuevo...** del menú **Archivo** y se abrirá la ventana de diálogo **Nuevo**.

▶ Haga clic en la ficha **General,** seleccione FÁCIL.

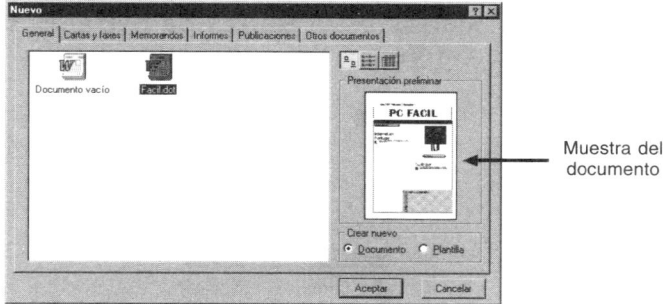

Muestra del documento

▶ Pulse el botón **Aceptar**; reemplace el texto que sea necesario para la creación del nuevo boletín.

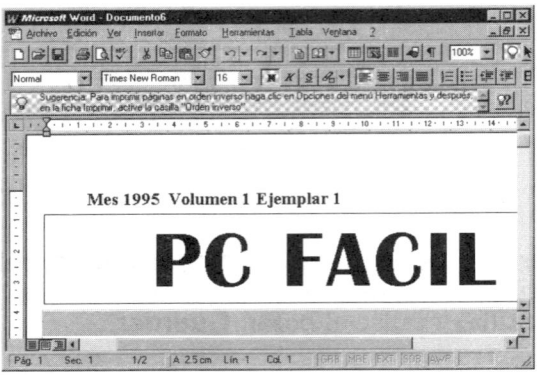

### Formularios

Un formulario electrónico consiste en un formato compuesto por campos de texto, casillas de verificación y listas desplegables. Para la creación de formularios es necesario utilizar los botones de la barra de herramientas **Formulario**.

Para visualizar la barra de herramientas **Formulario** efectúe los siguientes pasos:

▶ Seleccione la orden **Barras de herramientas...** del menú **Ver**.

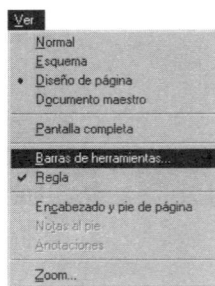

◗ Active la casilla de selección **Formulario** en la lista **Barra de herramientas:** del cuadro diálogo **Barras de herramientas**.

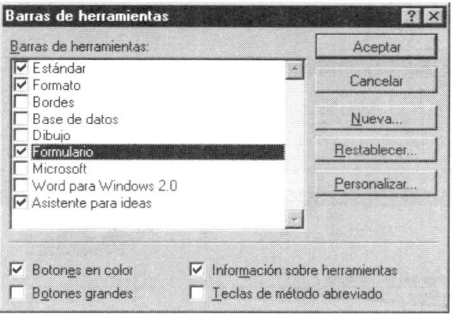

◗ ... y presione el botón **Aceptar** para activar la barra de herramientas **Formulario**.

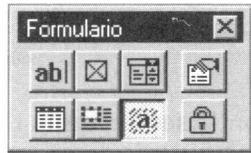

## Creación de un formulario

En este capítulo se creará el siguiente formulario y se guardará como plantilla para crear documentos a partir del mismo.

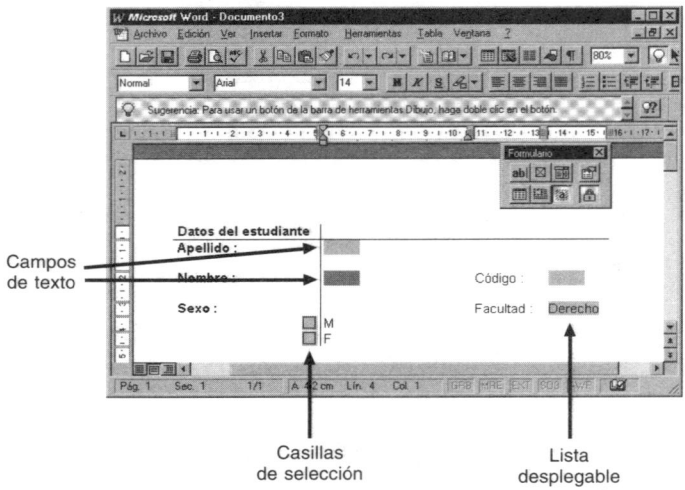

Campos de texto

Casillas de selección

Lista desplegable

**Insertar tabla**

▸ Presione el botón **Insertar tabla** de la barra de herramientas **Formulario** y arrastre el puntero del *mouse* hasta obtener una tabla de seis filas por seis columnas.

La tabla quedará insertada en el documento como se muestra en la siguiente figura:

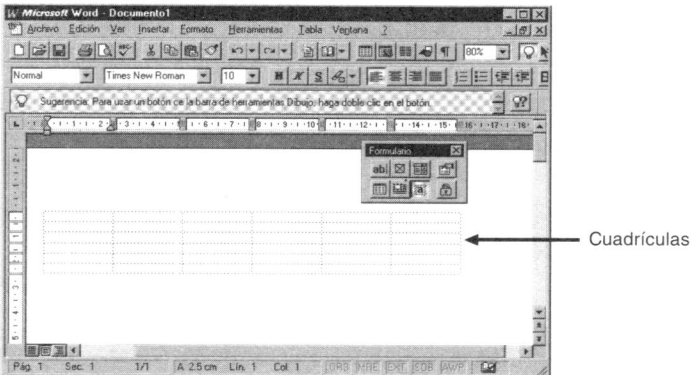

Cuadrículas

◗ Para visualizar las cuadrículas de la tabla active la opción **Cuadrícula** de menú **Tabla**.

◗ Escriba el texto sobre la tabla, de la siguiente forma:

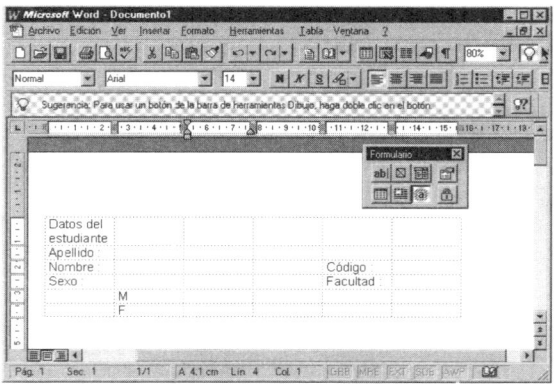

Campo
con texto

◗ Haga clic en la celda siguiente a Apellido:, presione el botón **Campo con texto** de la barra de herramientas **Formulario** y aparecerá un recuadro sombreado en la celda, el cual indica el campo insertado.

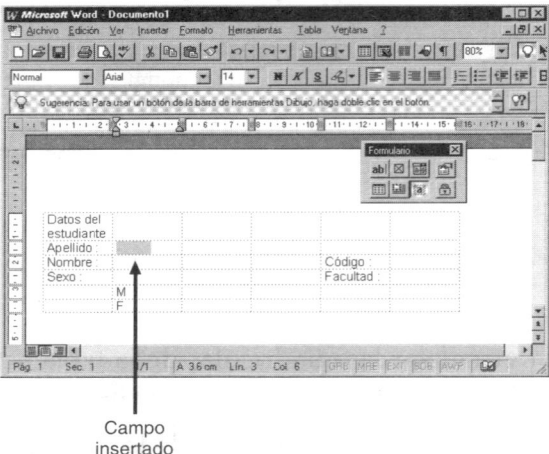

Campo
insertado

◗ Haga doble clic en el campo de texto insertado y se abrirá la ventana de diálogo **Campo de formulario con texto**.

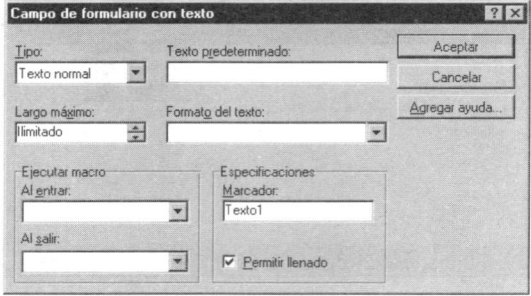

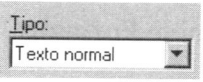

**Tipo:**
Permite seleccionar el tipo de texto del campo del formulario.

**Largo máximo:**
Puede escribir el número de caracteres que desee para el texto del campo. Si intenta escribir más caracteres de lo especificado, se escuchará un sonido.

**Texto predeterminado:**
En este recuadro se escribe el texto que aparecerá inicialmente en el campo del formulario.

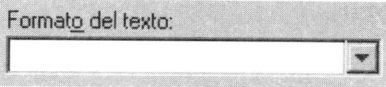

**Formato del texto:**
En la lista desplegable puede elegirse el tipo de formato de texto.

**Ejecutar macro**
Selecciona una macro para ejecutarla en el momento de entrar o salir del campo del formulario actual.

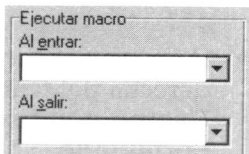

**Especificaciones**
Coloca un marcador asociado a un campo.

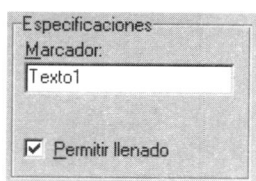

**Agregar ayuda...**
Abre la ventana de diálogo **Texto de ayuda para los formularios**.

◗ Seleccione Texto normal en la lista desplegable **Tipo:**

◗ Escriba 20 en el recuadro **Largo máximo:**

◗ Elija Tipo título en la lista desplegable **Formato del texto:**

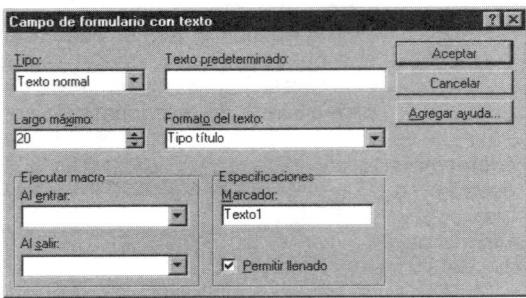

◗ Pulse el botón **Aceptar**.

Siga los pasos anteriores para insertar el **Campo con texto** correspondiente a la celda siguiente del texto Nombre:

Campo
con texto

◗ Posicione el cursor en la celda ubicada a la derecha del texto Código: y pulse el botón **Campo con texto** de la barra de herramientas **Formulario.**

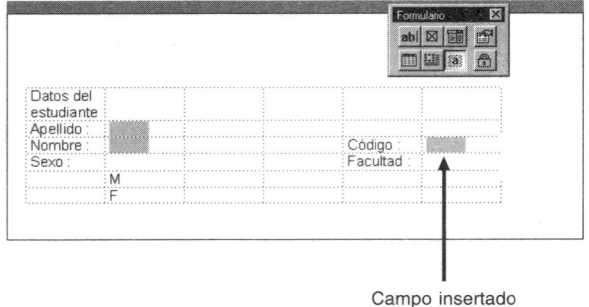

Campo insertado

◗ Haga doble clic sobre el campo Código y se abrirá la ventana de diálogo **Campo de formulario con texto**.

◗ Seleccione Número en la lista desplegable **Tipo:**

◗ Escriba 6 en el recuadro **Largo máximo:**

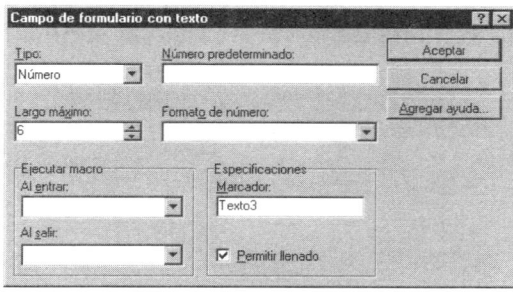

◗ Presione el botón **Aceptar**.

◗ Posicione el cursor en la celda ubicada a la derecha de la celda Facultad y pulse el botón **Campo con lista desplegable** de la barra de herramientas **Formulario**.

Campo con lista desplegable

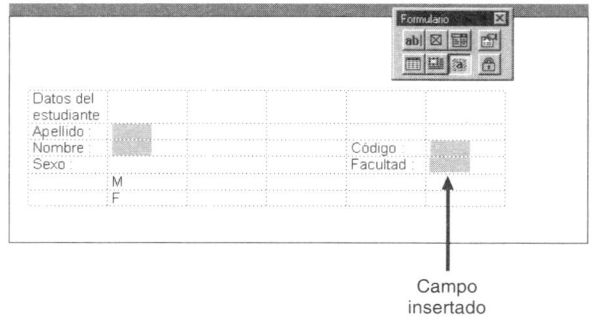

Campo insertado

◗ Haga doble clic sobre el campo insertado y se abrirá la ventana de diálogo **Campo de formulario con lista desplegable**.

◗ Digite Medicina en el recuadro **Elemento de la lista:**, presione el botón **Agregar >>** e introduzca de igual forma: Ingeniería, Derecho y Economía.

◗ ... y la ventana debe verse como la siguiente:

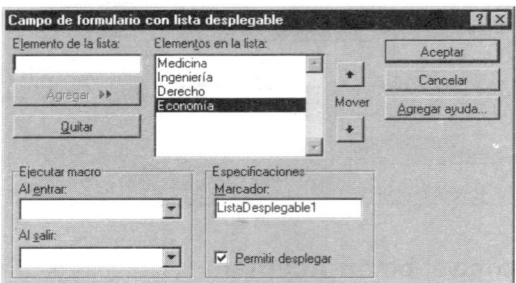

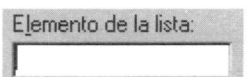

**Elemento de la lista:**
En esta área se escribe el elementos que desee insertar en la lista.

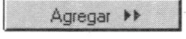

**Agregar >>**
Adiciona a la lista el nombre especificado en el recuadro **Elemento de la lista:**

**Quitar**
Elimina el nombre seleccionado en el cuadro **Elementos en la lista:**

**Mover**
Cambia la posición que tiene en la lista el elemento seleccionado.

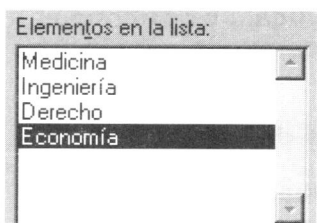

**Elementos en la lista:**
Muestra la lista de nombres
que se han agregado.

**Ejecutar macro**
Selecciona una macro para
ejecutarla en el momento de
entrar o salir del campo del
formulario actual.

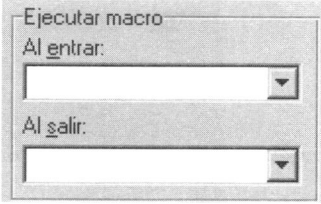

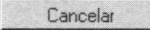

**Especificaciones**
Coloca un marcador asociado a un campo.

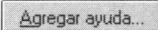

**Aceptar**
Cierra el cuadro **Campo de formulario con
lista desplegable** y guarda los cambios.

**Cancelar**
Cierra el cuadro **Campo de formulario con
lista desplegable** sin guardar los cambios.

**Agregar ayuda...**
Abre la ventana de diálogo **Texto de ayuda
para los formularios**.

> Pulse el botón **Agregar ayuda...** y aparecerá el cuadro de diálogo **Texto de ayuda para los formularios**.

> Haga clic en la ficha **Barra de estado**.

> Seleccione la opción **Escriba su propio texto:** y digite en el recuadro el mensaje.

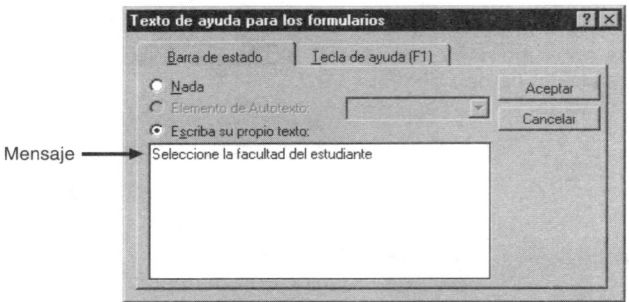

Mensaje →

> Presione el botón **Aceptar** para cerrar el cuadro de diálogo **Texto de ayuda para los formularios**.

> Presione el botón **Aceptar** para cerrar el cuadro **Campo de formulario con lista desplegable**.

Campo con casilla de verificación

> Posicione el puntero del *mouse* bajo la celda Sexo y presione el botón **Campo con casilla de verificación** de la barra de herramientas **Formulario**. Haga lo mismo para la celda siguiente.

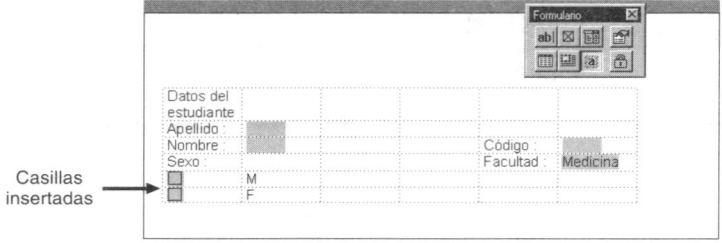

Casillas insertadas →

◗ Ubique el cursor en cualquier posición dentro de la tabla.

◗ Elija la orden **Autoformato de ta<u>b</u>las...** del menú **<u>T</u>abla**.

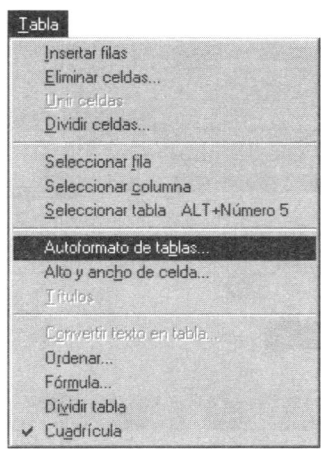

◗ ... y se abrirá la ventana de diálogo **Autoformato de tablas**.

◗ Seleccione **Básico 2** en la lista **<u>F</u>ormatos:**.

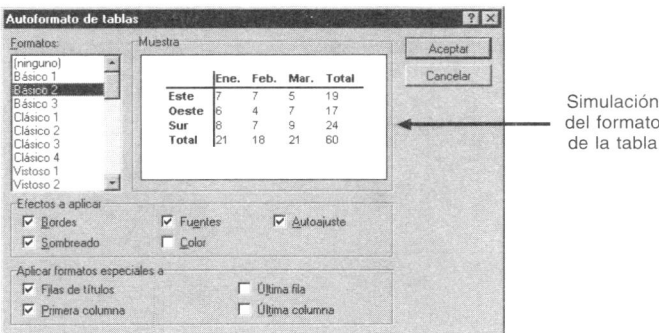

Simulación del formato de la tabla

◗ ... y presione el botón **Aceptar**.

Alinear a la
derecha

◗ Seleccione las celdas donde se insertaron las
casillas de verificación correspondientes Sexo y
pulse el botón **Alinear a la derecha** de la barra
de herramientas **Formato**.

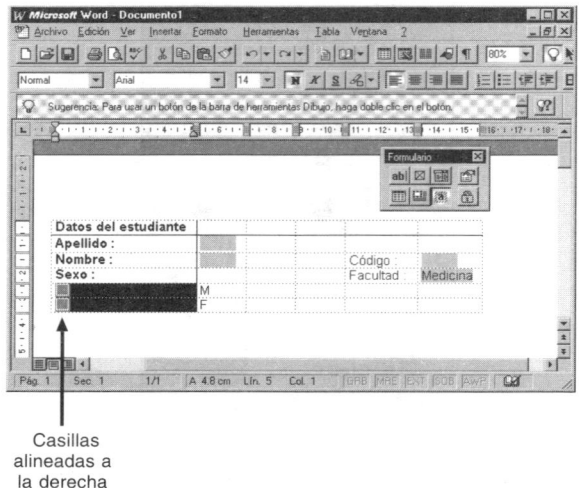

Casillas
alineadas a
la derecha

◗ Seleccione las seis celdas que se encuentran
frente a los campos Apellido: y Nombre:

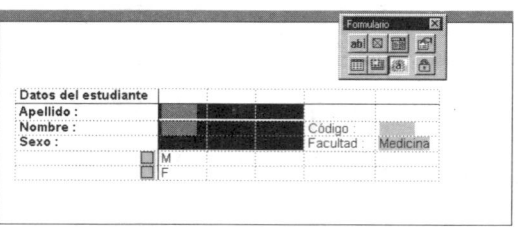

◗ Elija la orden **Unir celdas** del menú **Tabla**.

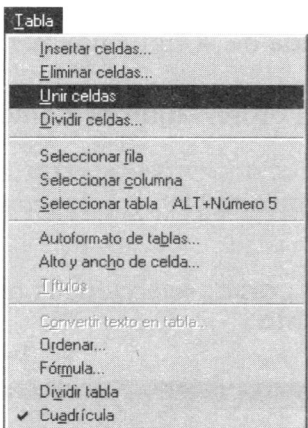

◗ Desactive la orden **Cuadrícula** del menú **Tabla**, haga clic fuera de la tabla para quitar la selección y el formulario tendrá el siguiente aspecto:

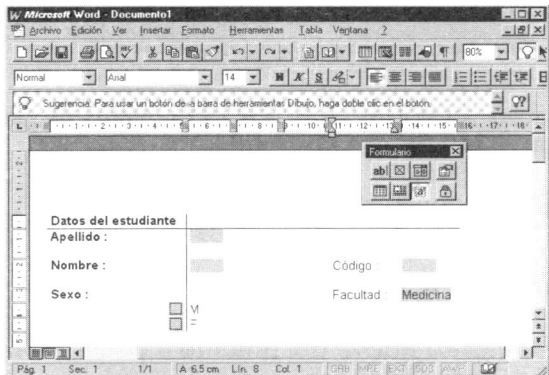

Nótese que las opciones del campo activo pueden modificarse al pulsar el botón **Opciones de campo de formulario**.

### Guardar el formulario

Para guardar el formulario anterior como una plantilla, proceda de la siguiente manera:

- Seleccione la orden **Guardar como...** del menú **Archivo**.

- Escriba Formulario Uno en el recuadro **Nombre de archivo:**

- En **Guardar como:** seleccione la opción **Plantilla de documento**.

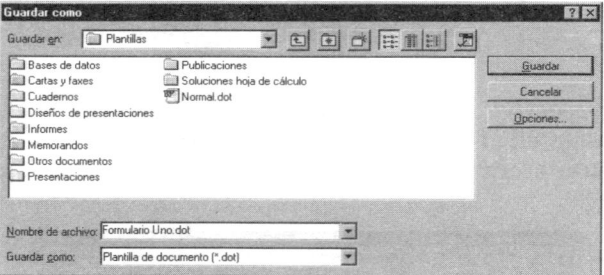

- Presione el botón **Guardar** para cerrar la ventana y almacenar la plantilla.

- Elija la orden **Cerrar** del menú **Archivo**.

### Abrir y editar la plantilla

Puede crear un nuevo documento a partir de la plantilla Formulario Uno y editar los respectivos campos del formulario:

- Elija la orden **Nuevo...** del menú **Archivo**.

- ... y se abrirá la ventana de diálogo **Nuevo**.

▶ Haga clic en la ficha **General,** seleccione Formulario Uno.dot y presione el botón de opción
**Documento** en el área **Crear nuevo**, si no está
seleccionado.

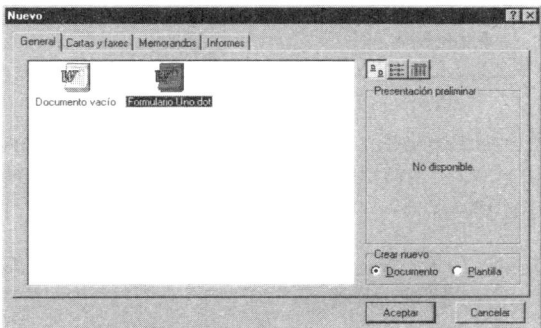

▶ Presione el botón **Aceptar** y el documento se
verá como el siguiente:

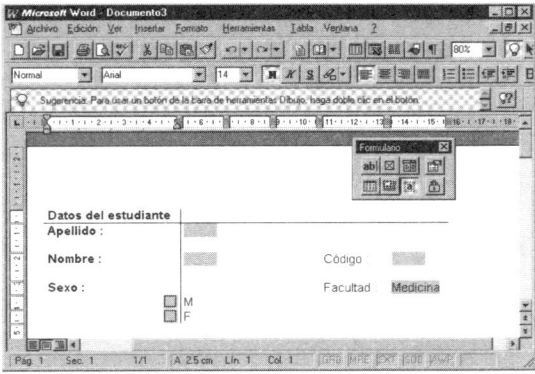

▶ Oprima el botón **Proteger formulario** de tal
manera de escribir sólo en los campos establecidos.

Proteger
formulario

▶ Utilice la tecla **Tab** para desplazarse por cada
uno de los campos.

▶ En los campos Apellido: y Nombre: digite:

| Datos del estudiante | |
|---|---|
| **Apellido :** | Pedro |
| **Nombre :** | Cano |

Recuerde que los campos Apellido y Nombre aceptan, como máximo, 20 caracteres y Código tiene un límite de seis dígitos.

▶ Si desea activar una casilla de verificación haga clic sobre la misma.

| **Sexo :** | |
|---|---|
| ☒ | M |
| ☐ | F |

▶ En el campo Código ingrese A28231.

| Código : | A28231 |
|---|---|

◗ Nótese que este código es alfanumérico; por tanto, no es válido ya que este campo sólo acepta números. Al pulsar la tecla **Tab** aparecerá el siguiente mensaje:

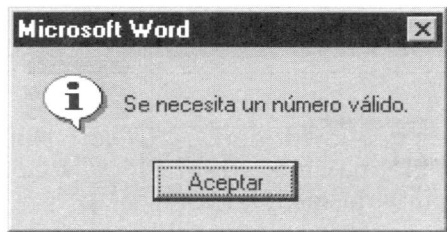

◗ Pulse **Aceptar** e ingrese 928231.

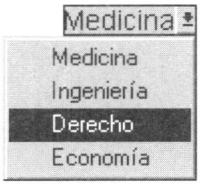

◗ Para llenar el campo Facultad haga clic sobre la flecha hacia abajo de la lista desplegable y seleccione la opción requerida.

◗ Desactive el botón **Sombreado de campo**.

Sombreado de campo

◆ ... y el formulario quedará de la siguiente forma:

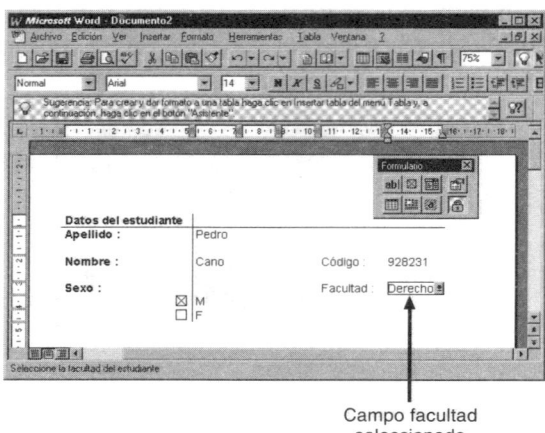

Campo facultad
seleccionado

# Columnas, encabezados y pies de página

Word 7.0 puede crear de manera fácil y sencilla columnas similares a las de un periódico. Se utilizará como ejemplo el siguiente documento:

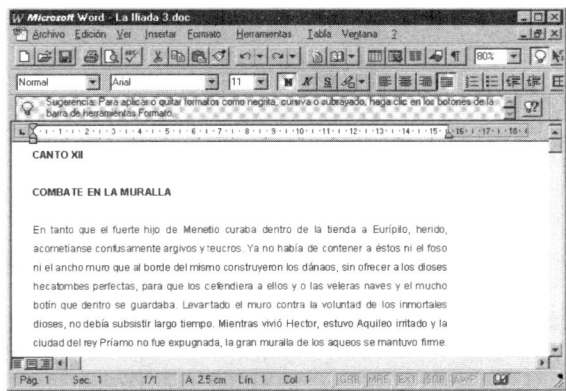

Tiene dos alternativas para crear columnas: el botón **Columnas** de la barra de herramientas **Estándar** y la orden **Columnas...** del menú **Formato**.

Columnas

Diseño
de página

▶ Seleccione el botón **Diseño de página** que se encuentra en la parte inferior izquierda de la pantalla.

Columnas

▶ Haga clic en el botón **Columnas** de la barra de herramientas **Estándar** y aparecerá un recuadro como el siguiente:

▶ Arrastre el puntero del *mouse* sobre los recuadros hasta seleccionar dos columnas.

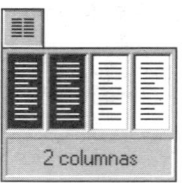

▶ ... y el documento cambiará a la siguiente forma:

Documento en
dos columnas

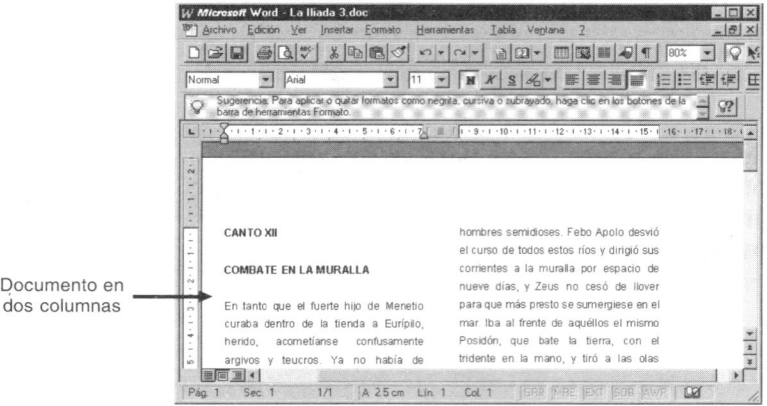

## Formato para columnas

Una vez creadas las columnas, puede mejorar su aspecto dándoles un formato con ayuda de las órdenes que Word 7.0 ofrece.

En el siguiente ejemplo se aplicarán los siguientes formatos al documento:

✘ Crear una columna más ancha que la otra.

✘ Espacio entre columnas.

✘ Insertar líneas de separación de columnas.

❱ Seleccione la orden **Columnas...** del menú **Formato**.

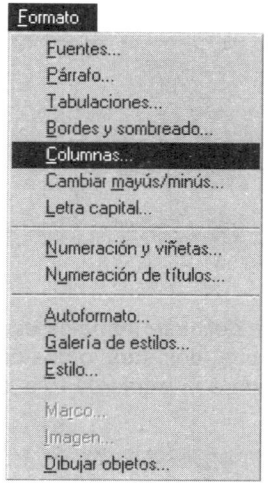

❥ ... y se abre el cuadro de diálogo **Columnas**.

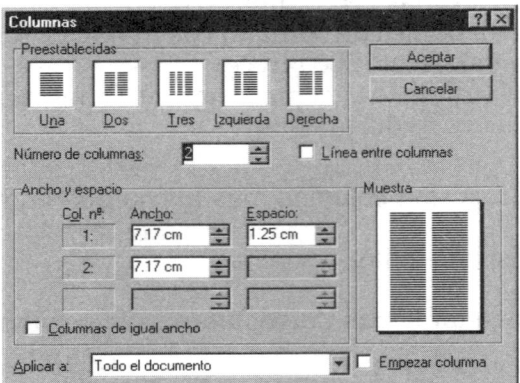

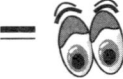

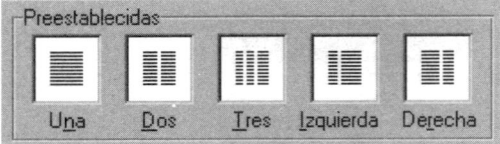

### Preestablecidas
En esta área pueden definirse formatos específicos de columnas, es decir, una, dos, tres, o dos con una columna mas pequeña alineada a la izquierda (o a la derecha).

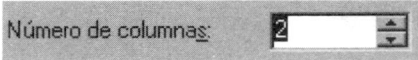

### Número de columnas:
En esta lista puede modificarse el número de columnas para la sección o todo el documento.

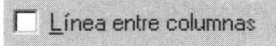

**Línea entre columnas**
Si activa esta casilla, cada columna irá separada por líneas verticales.

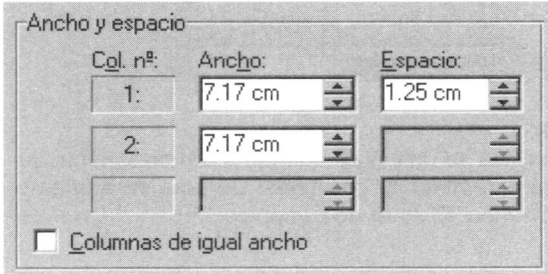

**Ancho y espacio**
En esta área puede personalizarse el **Anc<u>h</u>o:** de las columnas y el **Espacio:** entre éstas.

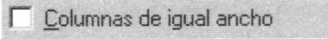

**<u>C</u>olumnas de igual ancho**
Si activa esta casilla de verificación todas las columnas quedarán del mismo ancho.

**Muestra**
Simula el aspecto del documento de acuerdo a las instrucciones establecidas.

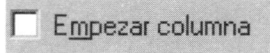

**Empezar columna**
Al seleccionar esta casilla, el texto que se halle después de un punto de inserción se desplaza a la parte superior de la columna siguiente.

**Aplicar a:**
En esta lista se define en qué parte del documento se aplicará el formato de columnas: **De aquí en adelante**, **Esta sección** o en **Todo el documento**.

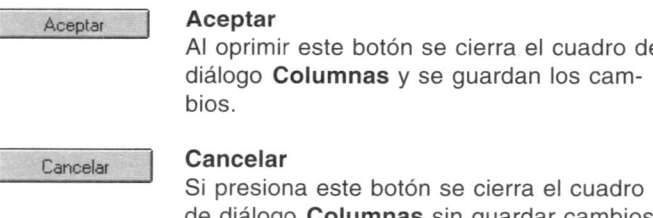

**Aceptar**
Al oprimir este botón se cierra el cuadro de diálogo **Columnas** y se guardan los cambios.

**Cancelar**
Si presiona este botón se cierra el cuadro de diálogo **Columnas** sin guardar cambios.

---

◗ Seleccione el cuadro **Derecha** en el área **Preestablecidas** para generar una columna más ancha que otra.

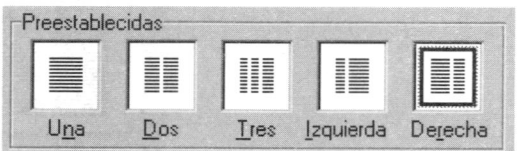

◗ Haga clic en la casilla de verificación **Líneas entre columnas**.

◗ Pulse la flecha del recuadro **Espacio:** hasta conseguir 1,7 cm y la ventana debe ser similar a la siguiente:

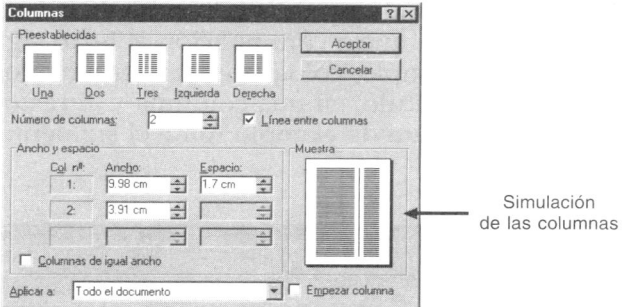

Simulación de las columnas

◗ Oprima el botón **Aceptar** para cerrar la ventana.

◗ Presione el botón **Presentación preliminar** para abrir la ventana con el mismo nombre.

Presentación preliminar

◗ Si no se visualiza la página completa, haga clic en el botón **Una página** de la barra de herramientas **Presentación preliminar** y el documento debe verse como el siguiente:

Una página

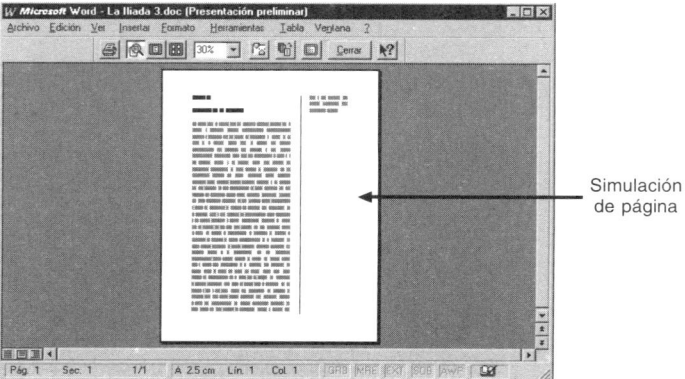

Simulación de página

◗ Para finalizar, haga clic en el botón **Cerrar**.

### Cambiar columnas en el documento

Algunas veces es necesario combinar diferentes tipos de columnas en un mismo documento, es decir, que una parte del documento aparezca a una columna y que a continuación el texto siga en dos.

Por ejemplo, coloque el primer párrafo, incluyendo el título, en una columna y el resto en dos.

A manera de ejemplo tome el siguiente documento:

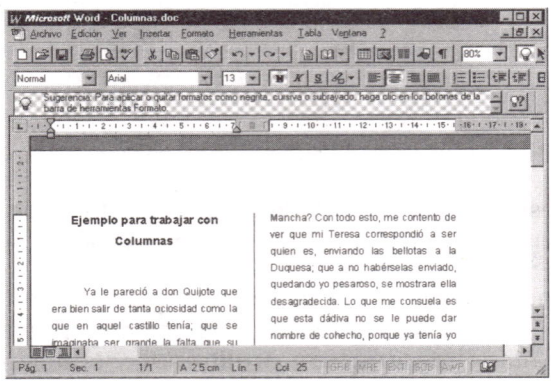

▶ Arrastre el puntero del *mouse* por el título del documento y el primer párrafo, para seleccionarlo.

▶ Haga clic en el botón **Columnas**.

Columnas

◗ Arrastre el puntero del *mouse* sobre la ventana de columnas para seleccionar un recuadro.

◗ Se insertará un salto de sección.

◗ Presione el botón **Presentación preliminar** de la barra de herramientas **Estándar** y el documento debe quedar como el siguiente:

Presentación preliminar

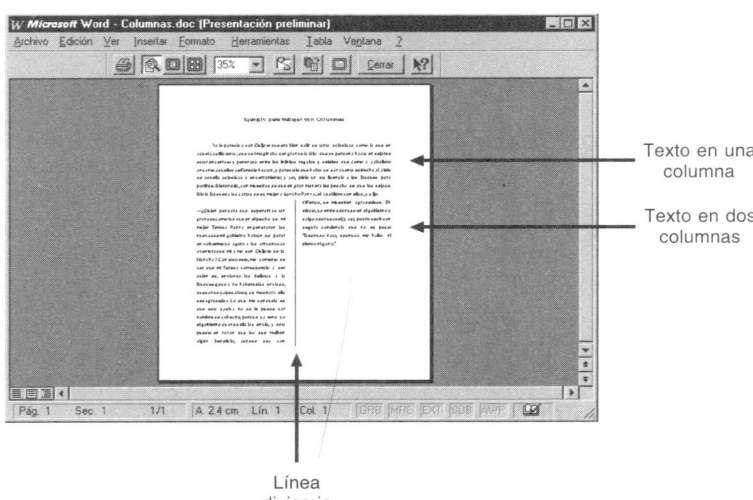

Texto en una columna

Texto en dos columnas

Línea divisoria

### Numeración de páginas

Una vez definidos los márgenes y el tamaño de la página, proceda a crear encabezados y pies de página. Esta información aparece en todas las páginas del documento, en los extremos superior e inferior respectivamente.

La numeración de las páginas puede ir en el encabezado o el pie de página, según la parte de la hoja donde se coloque. Para colocar número de página a un documento haga lo siguiente:

❯ Seleccione la orden **Nú_meros de página...** del menú **Insertar**.

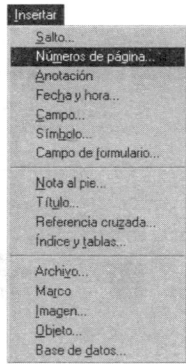

❯ ... y aparecerá el cuadro de diálogo **Números de página**.

◗ Active la lista desplegable en el recuadro **Posi-ción:** y seleccione la opción deseada, en este caso, **Parte superior de la página**.

◗ Pulse la flecha hacia abajo que corresponde a la lista **Alineación:** y escoja la alineación requerida, por ejemplo, **Centro**.

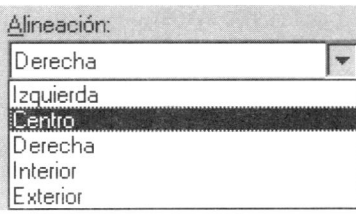

Nótese que en el cuadro **Muestra** aparece una simulación de la hoja y un pequeño cuadro negro que indica dónde quedará el número de página.

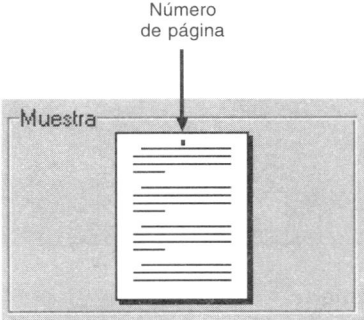

◗ Si no desea que el número de página aparezca en la primera hoja, desactive la casilla de verificación **Número en la primera página**.

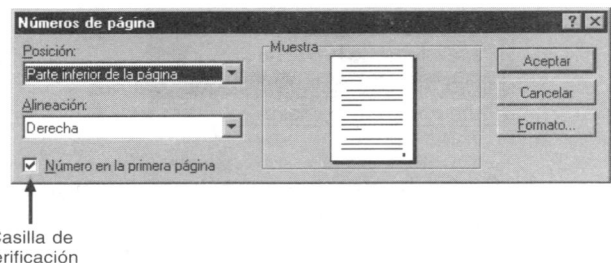

Casilla de
verificación

◗ Presione el botón **Aceptar**.

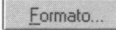

**Formato...**
Abre la ventana de diálogo **Formato de los números de página**.

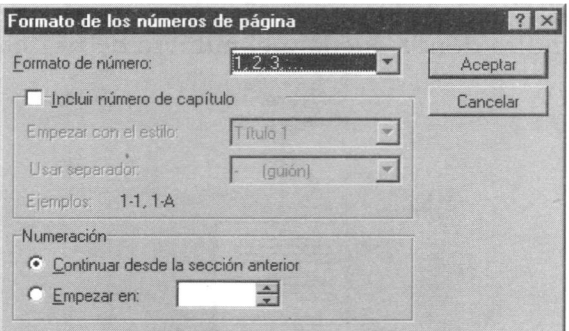

**Formato de número:**
Puede seleccionar el tipo de numeración en esta lista desplegable: números y letras.

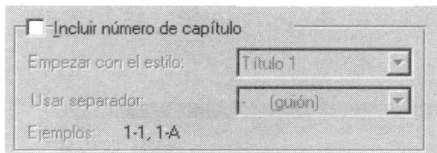

### Incluir número de capítulo

Permite insertar el número del capítulo junto al número de página. Puede seleccionar el estilo del título y el tipo de separación entre los dos números.

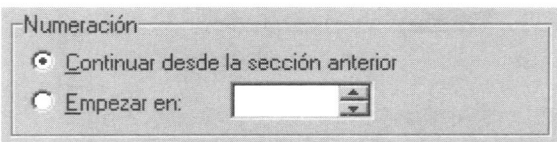

### Numeración

Se especifica el lugar donde empieza la numeración de páginas del documento.

## Encabezado y pie de página

Para introducir texto en el encabezado y el pie de página, es necesario seleccionar la orden **Ençabezado y pie de página** del menú **Ver**.

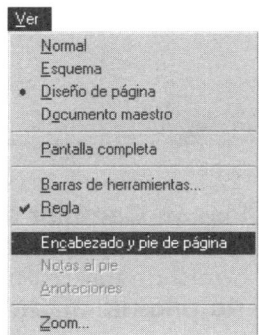

▶ ... y se activará la barra de herramientas **Enca-bezado y pie**.

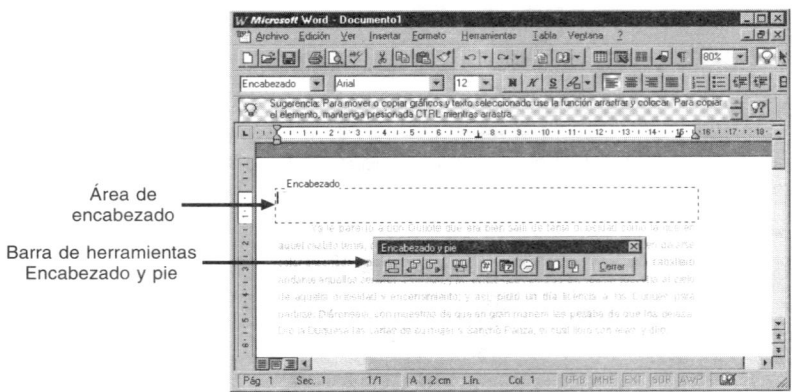

Área de encabezado

Barra de herramientas Encabezado y pie

▶ Con el punto de inserción situado en el área **Encabezado** escriba el texto que desea introducir, por ejemplo, El Quijote.

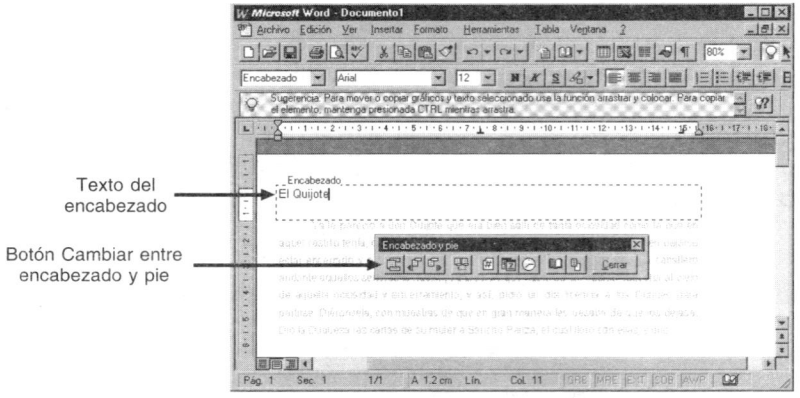

Texto del encabezado

Botón Cambiar entre encabezado y pie

Cambiar entre encabezado y pie

▶ Haga clic en el botón **Cambiar entre encabezado y pie** de la barra de herramientas **Encabezado y pie**, y el punto de inserción quedará situado en el área **Pie de página**; digite Capítulo 4.

• Resalte la expresión Capítulo 4 y oprima los botones **Negrita** y **Centrado** de la barra de herramientas **Formato**.

Negrita

Centrado

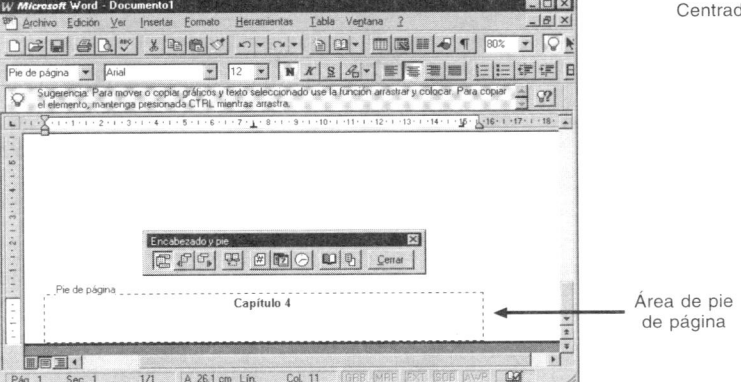

Área de pie de página

• Cuando termine de introducir el texto del encabezado y/o pie de página, pulse el botón **Cerrar** de la barra de herramientas **Encabezado y pie** y tendrá la siguiente pantalla:

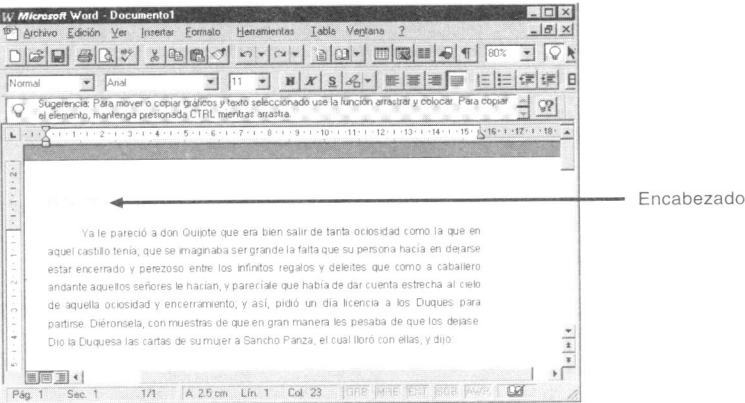

Encabezado

Presentación
preliminar

▶ Seleccione la opción **Presentación preliminar** del menú **Archivo** para visualizar el aspecto del encabezado y del pie de página.

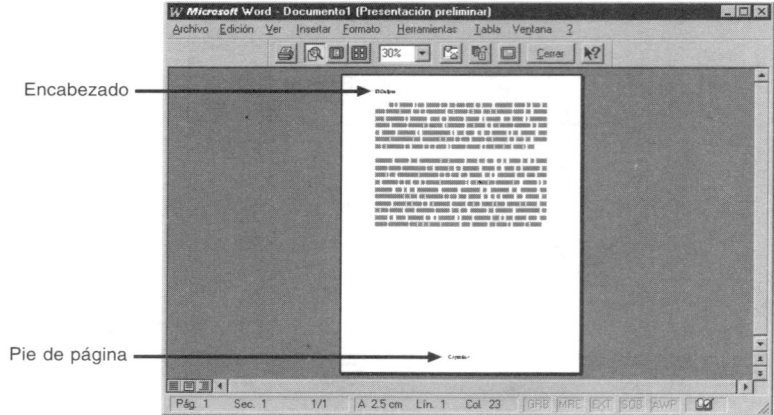

Encabezado

Pie de página

# Tablas y gráficos

Una tabla es un conjunto de celdas en las cuales se almacenan de forma independiente texto, imágenes y números. El conjunto de celdas horizontales se denomina filas y el de las verticales, columnas. Un gráfico es una representación de los datos de una tabla.

### Creación de una tabla

Para crear una tabla siga los siguientes pasos:

▶ Coloque el cursor en el sitio donde desea insertar la tabla.

▶ Seleccione la orden **Insertar tabla...** del menú **Tabla**.

Insertar tabla

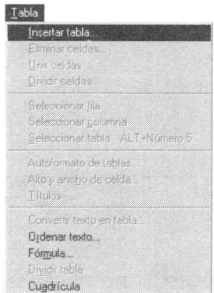

**187**

◗ ... y se abre el cuadro de diálogo **Insertar tabla**.

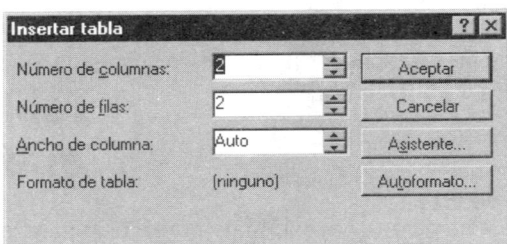

◗ Introduzca en el recuadro **Número de <u>c</u>olum-nas:** 3 y en **Número de <u>f</u>ilas:** 4. .

◗ En <u>**A**</u>**ncho de columna:** seleccione 5 cm.

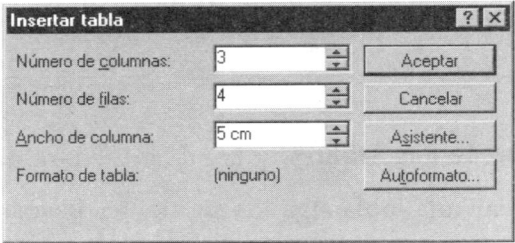

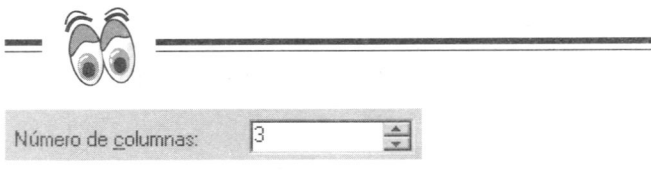

**Número de <u>c</u>olumnas:**
Aquí se escribe el número de columnas para la tabla que se va a insertar.

**Número de <u>f</u>ilas:**
En este recuadro se digita el número de filas para la tabla.

**Ancho de columna:**
Permite definir el ancho inicial de las columnas de la tabla.

**Formato de tabla:**
Presenta el nombre del autoformato predefinido para la tabla.

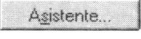
**Asistente...**
Abre el **Asistente para tablas** que le ayuda a crear tablas de manera automática.

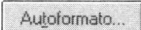
**Autoformato...**
Al oprimir este botón se abre la ventana de diálogo **Autoformato de tablas**.

▶ Elija el botón **Aceptar** y la tabla quedará definida.

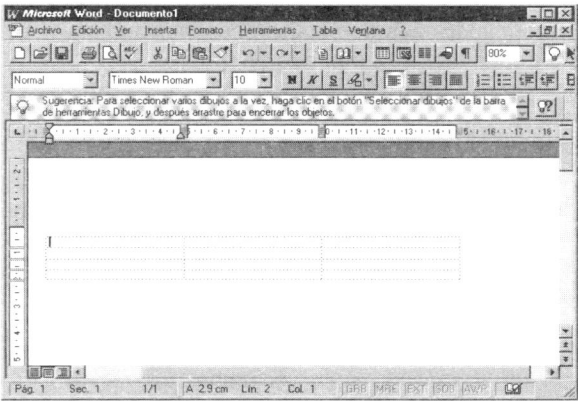

Insertar
tabla

La tabla también puede crearse mediante el botón **Insertar tabla** de la barra de herramientas **Estándar**, de la siguiente forma:

◗ Haga clic en el botón **Insertar tabla**.

◗ Arrastre el puntero del *mouse* sobre el recuadro hasta conseguir la selección deseada, por ejemplo.

Tabla 7 x 4

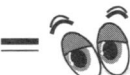

Para el desplazamiento por la tabla puede utilizar algunas teclas y combinaciones de éstas. A continuación se muestra una lista de las teclas que puede utilizar:

| | |
|---|---|
| **Alt + Home (Alt + Inicio)** | Pasar a la primera celda de la fila. |
| **Alt + End (Alt + Fin)** | Pasar a la última celda de la fila. |
| **Alt + PgUp (Alt + RePág)** | Pasar a la primera celda de la columna. |
| **Alt + PgDn (Alt + AvPág)** | Pasar a la última celda de la columna. |
| **Tab** | Pasar a la siguiente celda. |
| **Alt + Tab** | Regresar a la celda anterior. |

| | |
|---|---|
| **Flecha hacia abajo** ⇩ | Pasar a la siguiente fila. |
| **Flecha hacia arriba** ⇧ | Regresar a la fila anterior. |

## Introducir datos en una tabla

Cuando se inserta la tabla en el documento y el punto de inserción aparece en la primera celda, puede empezar a escribir. Siga los siguientes pasos para llenar la tabla creada en este capítulo:

▶ Escriba en la primera celda el texto Enero.

▶ Pulse la tecla **Tab** para pasar a la siguiente celda y escriba Febrero.

▶ Pulse **Tab**, escriba Marzo y la tabla quedará así:

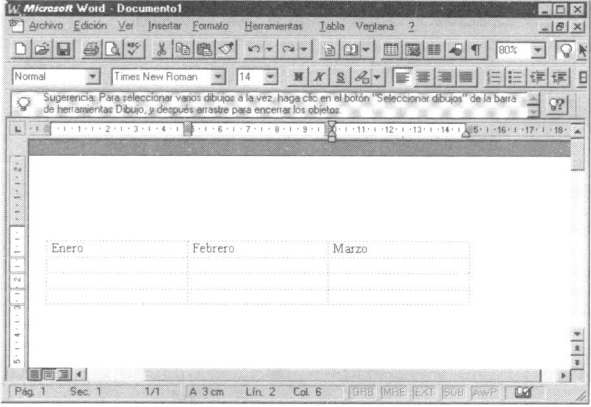

## Modificar el ancho de las columnas o la altura de las filas

Puede ajustar el ancho de las columnas (o la altura de las filas) de tal manera que la tabla ocupe el espacio apropiado; para ello siga este procedimiento:

◗ Arrastre el puntero del *mouse* desde la primera celda hasta la última para seleccionar la tabla, o elija la orden **Seleccionar tabla** del menú **Tabla** con el punto de inserción dentro de la tabla.

Tabla
seleccionada

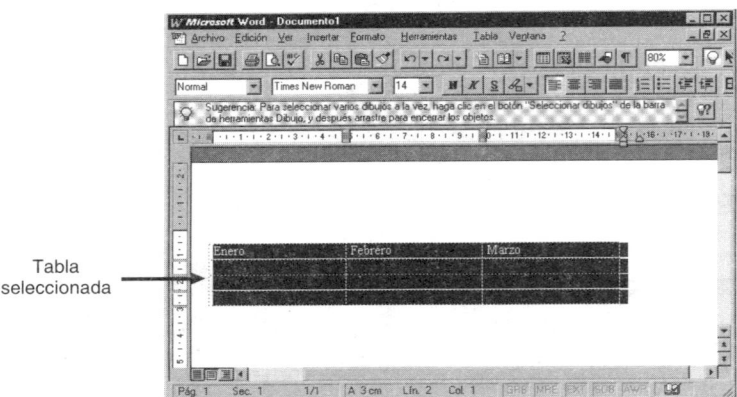

◗ Seleccione la orden **Alto y ancho de celda...** del menú **Tabla**.

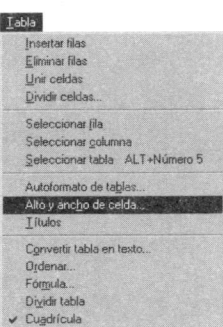

◗ ... y se abrirá el cuadro de diálogo **Alto y ancho de celda**.

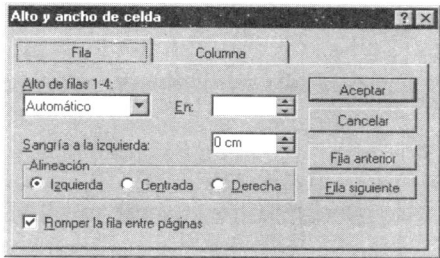

◗ Para este ejemplo haga clic en la ficha **Columna** si no la ha seleccionado.

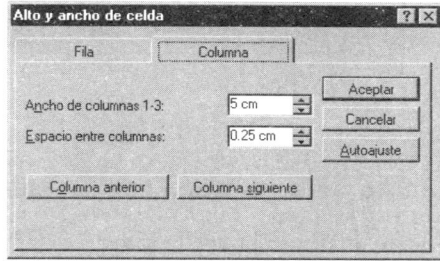

❖ Oprima el botón **Autoajuste** para que Word 7.0 modifique el ancho de las columnas, pulse una flecha del teclado para quitar la selección y la tabla quedará así:

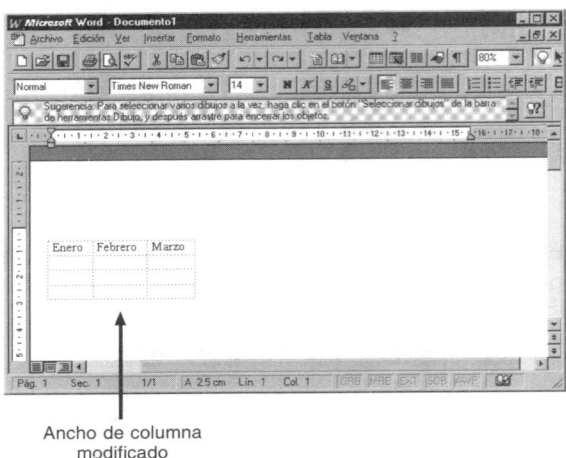

Ancho de columna
modificado

### Ajuste del ancho de la columna con la regla

También puede utilizar la regla para hacer un ajuste rápido del ancho de la columna. Si no está activa la regla, seleccione la opción **Regla** del menú **Ver**.

❖ Sitúe el cursor en cualquier lugar de la tabla. La regla cambia a la forma siguiente:

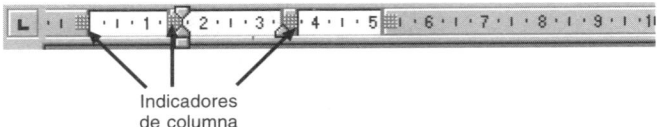

Indicadores
de columna

◗ Sitúe el puntero del *mouse* en el indicador de la columna a la que desea modificarle el tamaño. El puntero del *mouse* cambia a una doble flecha.

◗ Arrastre el indicador de columna mientras pulsa la tecla **Mayús** hasta que consiga el ancho deseado.

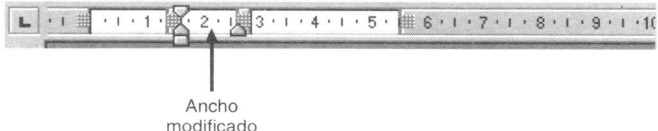

Ancho
modificado

### Añadir y suprimir columnas y filas

Algunas veces, en una tabla se crea una fila o columna adicional, o hace falta una fila o una columna. Utilizando la orden **Insertar filas** del menú **Tabla** podrá añadir filas; para eliminarlas, emplee la orden **Cortar** del menú **Edición**.

Insertar
tabla

Suponga que tiene el siguiente documento con una tabla:

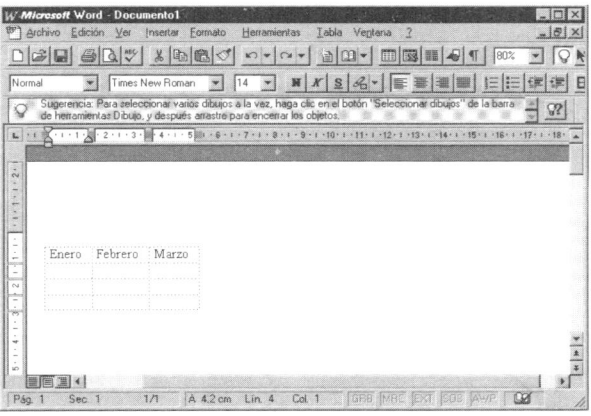

Para añadir una columna al inicio de la tabla, siga los siguientes pasos:

◗ Coloque el puntero del *mouse* arriba de la primera columna hasta que cambie por una flecha hacia abajo, y haga clic para seleccionarla.

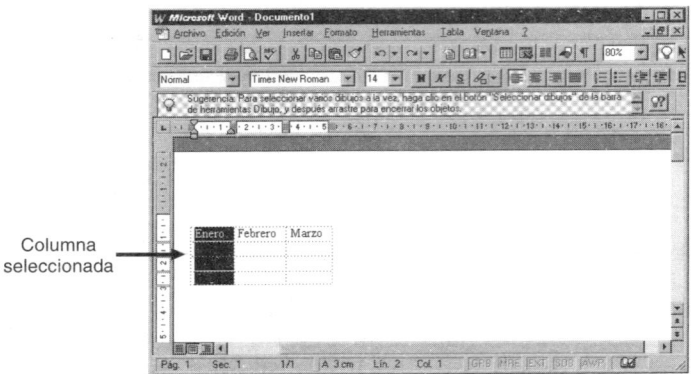

Columna seleccionada

◗ Elija la orden **Insertar columnas** del menú **Tabla**.

◗ Escriba la palabra Mes en la primera celda de la nueva columna, de tal manera que la tabla quede así:

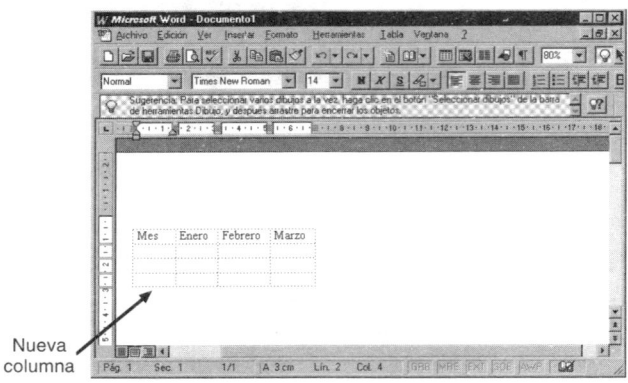

Nueva columna

El botón **Insertar tabla** de la barra de herramientas **Estándar** puede cambiar de función o nombre, dependiendo si está seleccionada una fila, una columna o una celda; de igual manera sucede con la orden **Insertar tabla ...** en el menú **Tabla**.

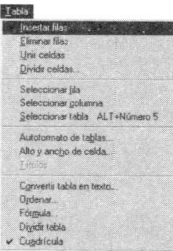 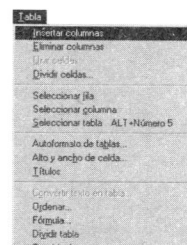

Para agregar una fila en la tabla proceda así:

▶ Posicione el cursor en cualquier celda de la segunda fila y escoja la orden **Seleccionar fila** del menú **Tabla**.

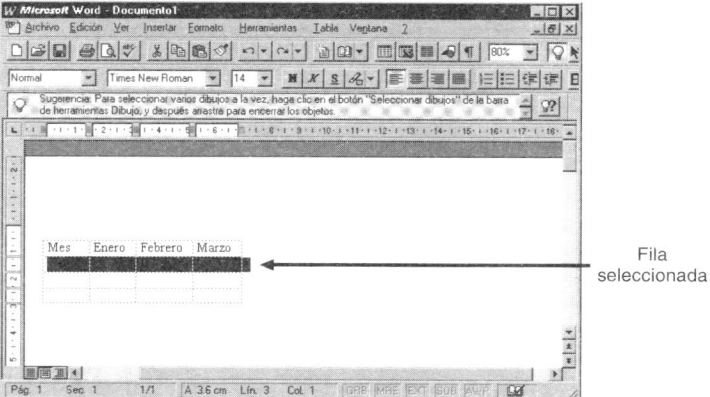

Fila seleccionada

Insertar
filas

▸ Seleccione la orden **Insertar filas** del menú
**Tabla**, pulse una flecha del teclado para quitar
la selección y la pantalla tendrá el siguiente
aspecto:

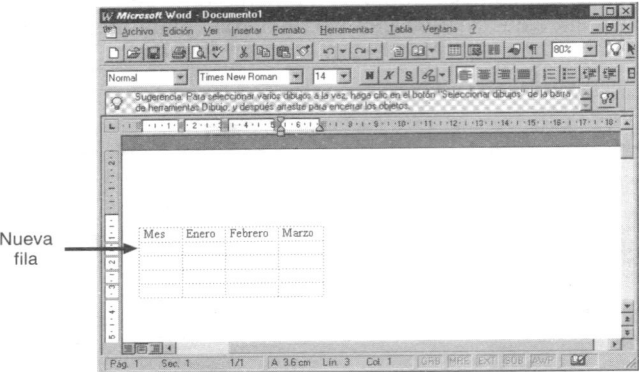

Nueva
fila

### Suprimir una columna o una fila

Para suprimir una fila o una columna, debe proce-
der de la siguiente forma:

▸ Por ejemplo, para seleccionar una columna elija
**Seleccionar columna** del menú **Tabla**. Cuando
se trata de filas es un proceso similar.

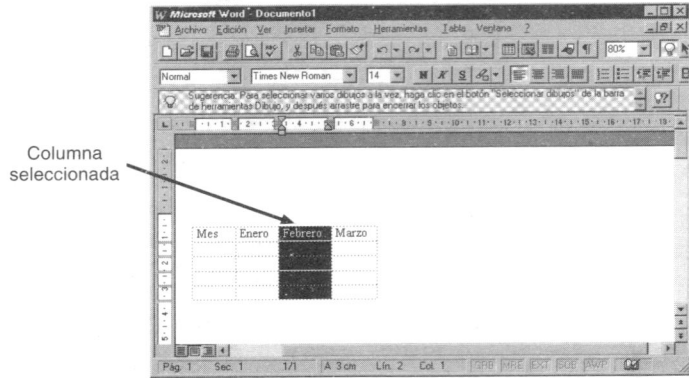

Columna
seleccionada

▶ En el menú **Tabla** seleccione **Eliminar columnas** (o **Eliminar filas**, si es el caso) y la tabla tendrá el siguiente aspecto:

Cortar

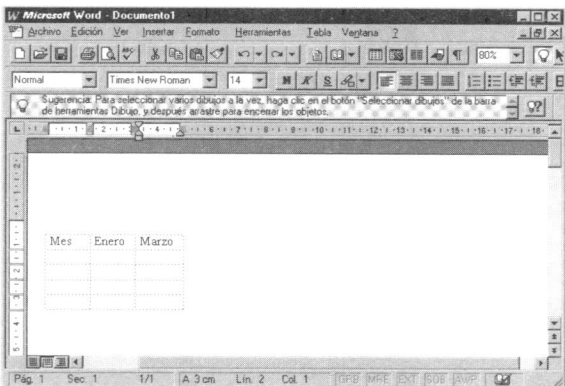

## Autoformato de tabla

Ya creada la tabla con todos sus datos, puede cambiar su apariencia aplicándole un formato a través de la opción **Autoformato de tablas...** del menú **Tabla**. A continuación, se aplicará un auto-formato a la siguiente tabla:

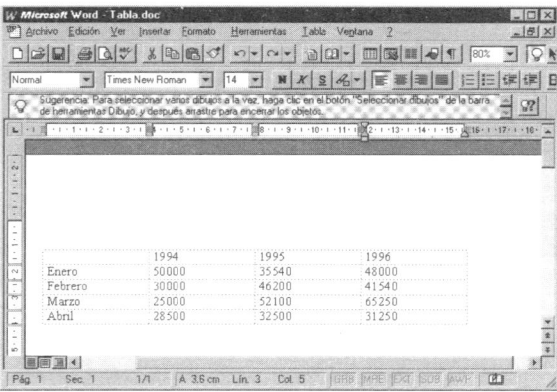

▶ Coloque el cursor en cualquier lugar de la tabla.

▶ Elija la orden **Autoformato de tablas...** del menú **Tabla**.

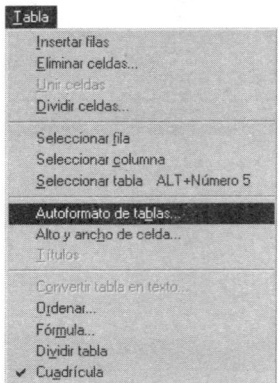

▶ ... y se abrirá la ventana de diálogo **Autoformato de tablas**.

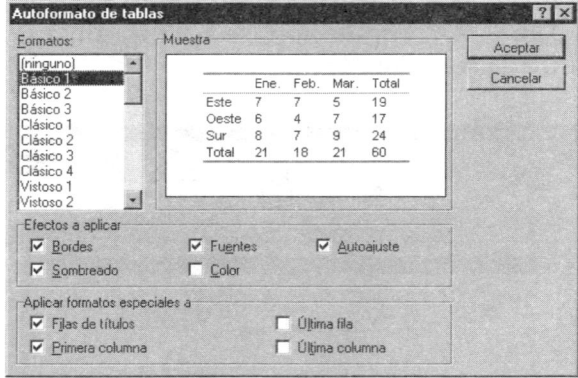

◆ En la lista **Formatos:** seleccione Cuadrícula 2.

◆ Oprima **Aceptar** y la tabla tendrá el siguiente aspecto:

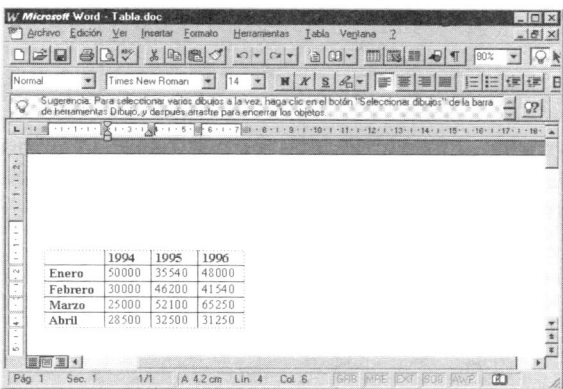

## Bordes

Si desea aplicar bordes adicionales a la tabla, siga estos pasos:

◆ Seleccione la celda o celdas donde desea añadir bordes.

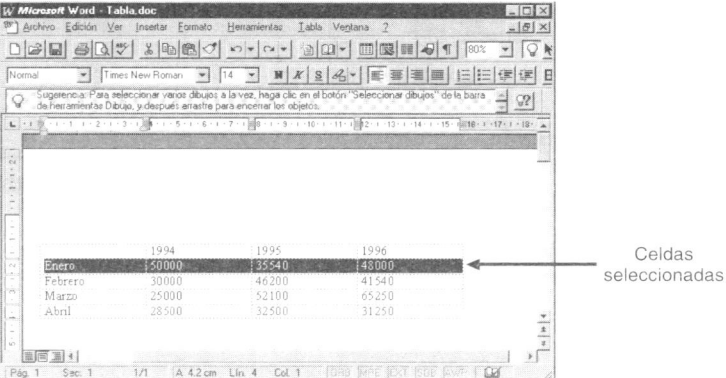

Celdas
seleccionadas

Barra
Bordes

▶ Haga clic en el botón **Barra Bordes** de la barra de herramientas **Formato** y aparecerá la barra de herramientas **Bordes**.

Borde
superior

▶ Oprima el botón **Borde superior** de la barra de herramientas **Bordes** y en la lista **Estilo de línea** seleccione 2¼ pto para poner una línea horizontal.

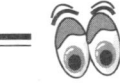

**Estilo de línea**
En esta lista se selecciona el tipo de línea que utilizarán los bordes.

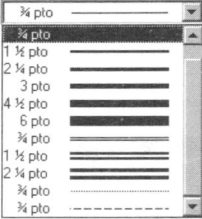

**Sombreado**
Aquí puede escoger relleno de la tabla.

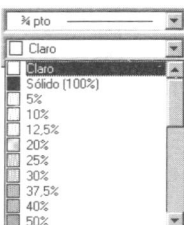

▶ Haga clic para quitar la selección y la tabla tendrá el siguiente aspecto:

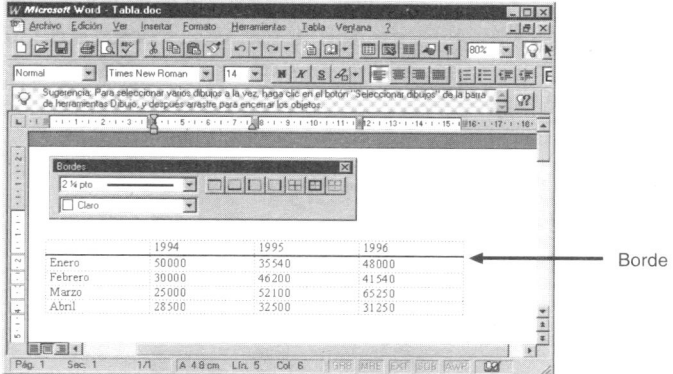

Borde

## Unir celdas

La orden **Unir celdas** del menú **Tabla** es útil cuando se desea que varias celdas conformen una.

En el siguiente ejemplo se utilizarán estas órdenes para unir todas las celdas de la primera fila de la tabla:

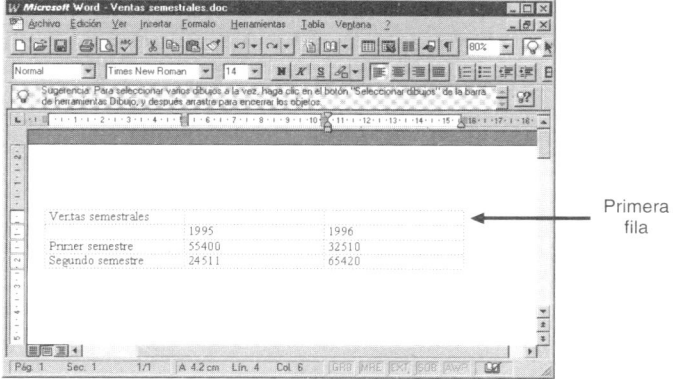

Primera fila

▶ Coloque el cursor en cualquier celda de la primera fila, seleccione la orden **Seleccionar fila** del menú **Tabla**.

▶ Una vez seleccionadas todas las celdas de la primera fila, escoja la orden **Unir celdas** del menú **Tabla**.

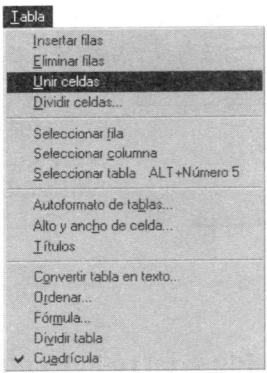

▶ Oprima los botones **Centrar** y **Negrita** de la barra de herramientas **Formato** para cambiar el aspecto del título, haga clic para quitar la selección y la tabla quedará como la siguiente:

Centrar

Negrita

## Dividir celdas

Una celda puede dividirse de tal forma que cada
división se comporte como una celda independiente. Para esto haga lo siguiente:

❖ Coloque el punto de inserción en la celda que
desea dividir y haga doble clic para seleccionarla.

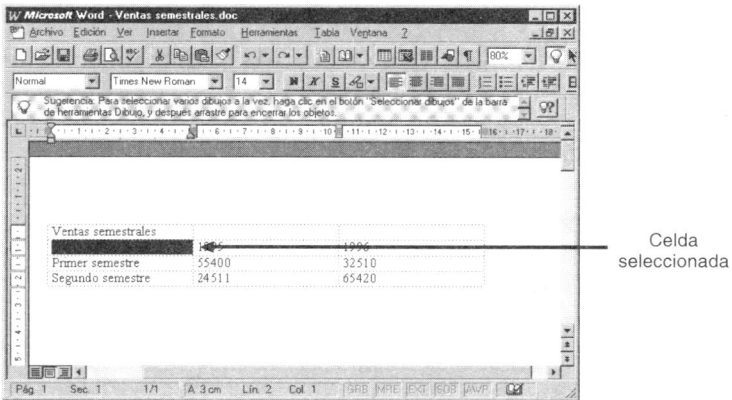

Celda
seleccionada

❖ Seleccione la orden **Dividir celdas...** del menú
**Tabla**.

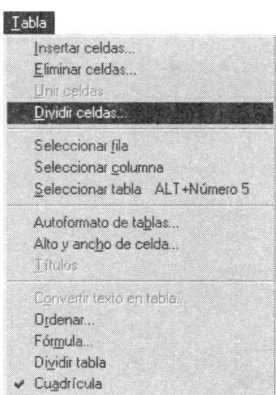

◗ ... y se abre la ventana de diálogo **Dividir celdas**.

◗ Seleccione 4 en el recuadro **Número de colum-nas:**, es decir, las partes en que dividirá la celda; pulse **Aceptar**, haga clic para quitar la selección y la tabla quedará de la siguiente forma:

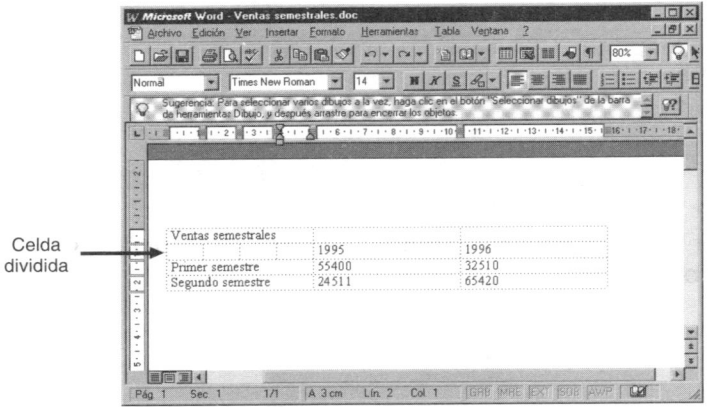

Celda dividida

## Crear un gráfico

Para crear un gráfico a partir de los datos de una tabla utilice **Microsoft Graph**. Para el ejemplo se creará un gráfico con los siguientes datos:

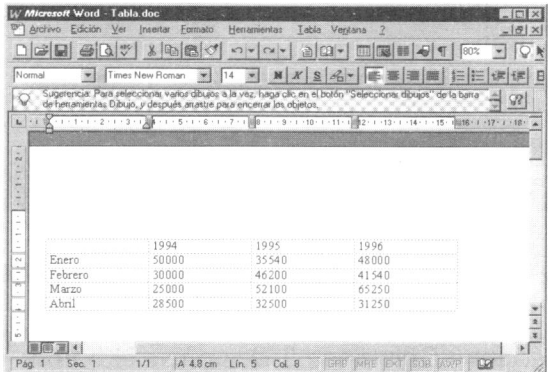

> ▶ Seleccione toda la tabla y elija la orden **O**bjeto... del menú **I**nsertar, aparecerá el cuadro de diálogo **Objeto**.

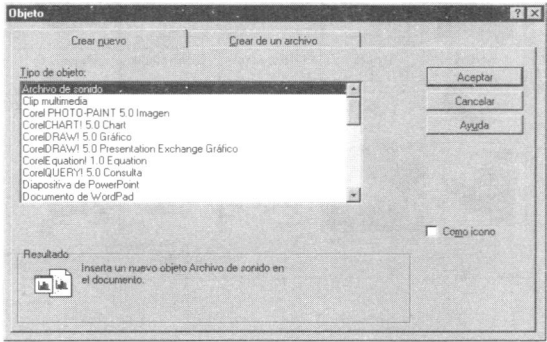

◗ Active la ficha **Crear nuevo** y seleccione Microsoft Graph 5.0 en la lista del cuadro **Tipo de objeto:**

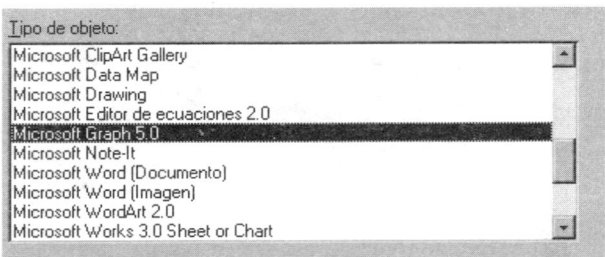

◗ Presione el botón **Aceptar** y aparecerá el **Asistente para gráficos - paso 1 de 4**.

◗ Seleccione C̲olumnas 3-D y pulse el botón **Siguiente >**.

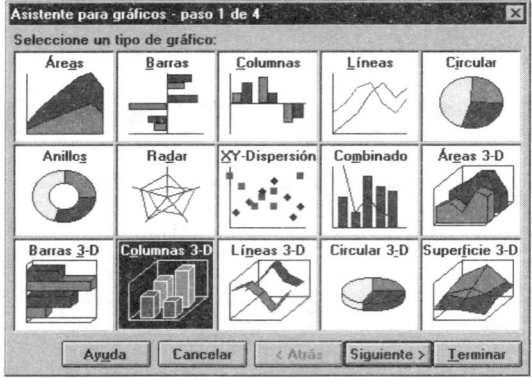

◗ En el **paso 2 de 4** seleccione la opción 3 y presione el botón **Siguiente >**.

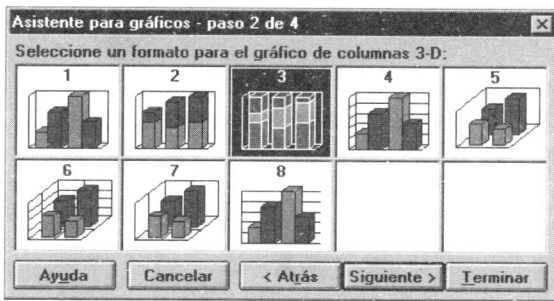

◗ En el **paso 3 de 4** active las opciones **C**olum-nas, **P**rimera serie de datos y Te**x**to de la leyenda.

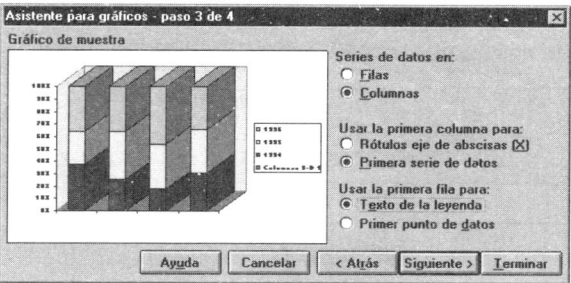

◗ Presione el botón **Siguiente >**, a la pregunta **¿Desea agregar una leyenda?** responda **Sí** y digite Ventas de enero a abril.

◗ En **Abscisas (X)** digite Meses y en **Ordenada (Y)**, Unidades.

❱ Pulse el botón **Terminar** para cerrar el asistente.

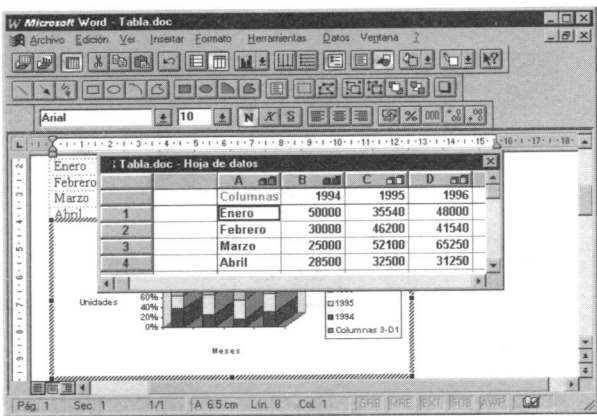

❱ Haga clic sobre la hoja del documento y el gráfico tendrá el siguiente aspecto:

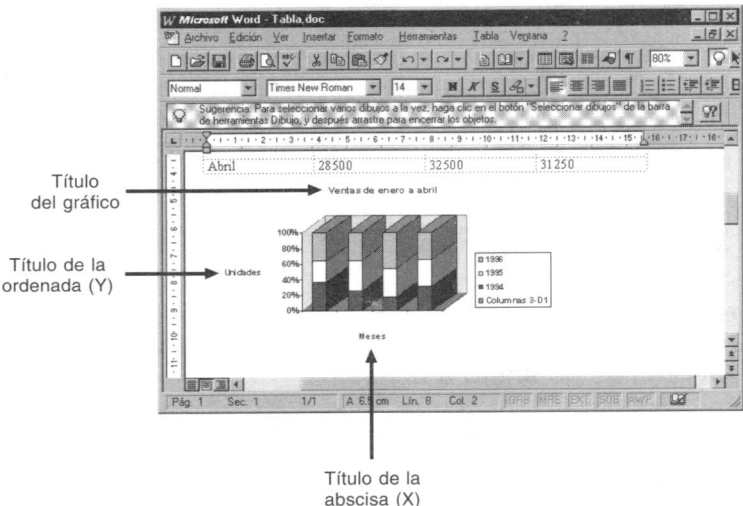

Título del gráfico

Título de la ordenada (Y)

Título de la abscisa (X)

# Imágenes y dibujos

Word 7.0 permite trabajar con objetos, de tal manera que pueda insertarlos, cambiarles el tamaño, rotarlos, moverlos, etc. No sólo se pueden importar imágenes de Word sino de muchas otras aplicaciones, por ejemplo, se puede hacer un dibujo en Paint e importarlo.

Con ayuda de la barra de herramientas **Dibujo** puede crear sus propias imágenes sobre el documento. En este capítulo aprenderá a insertar un objeto gráfico, hacerle cambios y utilizar la barra de herramientas **Dibujo**.

## Insertar imágenes

Para insertar una imagen siga estos pasos:

◗ Suponga que tiene el siguiente documento:

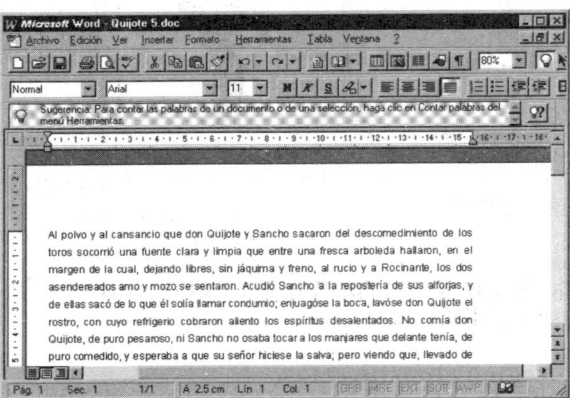

◗ Seleccione la orden **Imagen...** del menú **Insertar**.

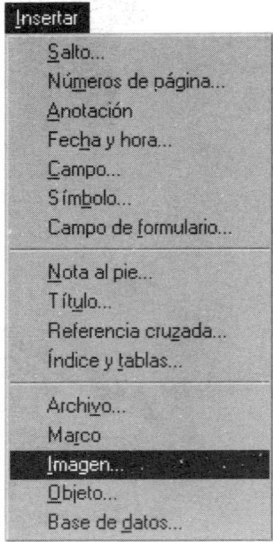

‣ ... y se abre el cuadro de diálogo **Insertar imagen**.

‣ Elija la carpeta Clipart que se encuentra en la
carpeta MSOffice.

‣ Seleccione el archivo Oso.

Simulación de
la imagen

▶ Haga clic sobre el botón **Aceptar** y la imagen quedará insertada en el documento como se muestra a continuación:

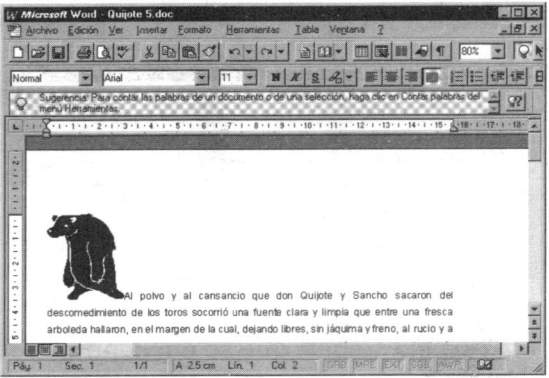

### Recortar una imagen

Posiblemente necesite sólo una parte del objeto que insertó en el documento.

▶ Por ejemplo, si desea que en la siguiente imagen sólo aparezca la taza sin el plato, puede recortarla hasta obtener la porción deseada.

◆ Haga clic sobre el objeto para seleccionarlo.
Deben aparecer ocho pequeños cuadros, llama-
dos puntos de control, que permiten hacer varias
modificaciones al objeto e indican que está
seleccionado.

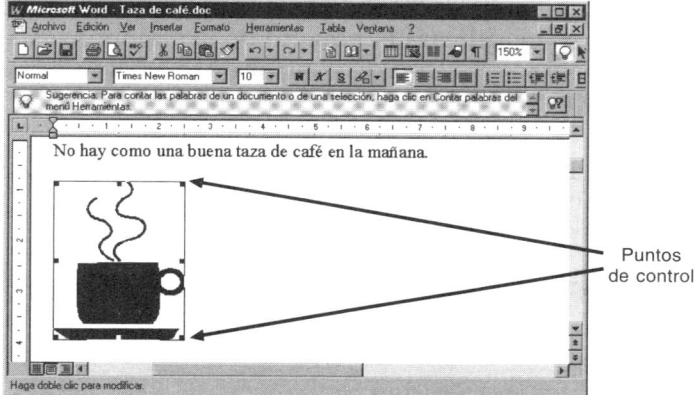

Puntos
de control

◆ Manteniendo pulsada la tecla **Mayús**, sitúe el
puntero del *mouse* en el punto de control inferior
del centro hasta que cambie a un cuadro y
arrástrelo hacia arriba hasta eliminar el plato.

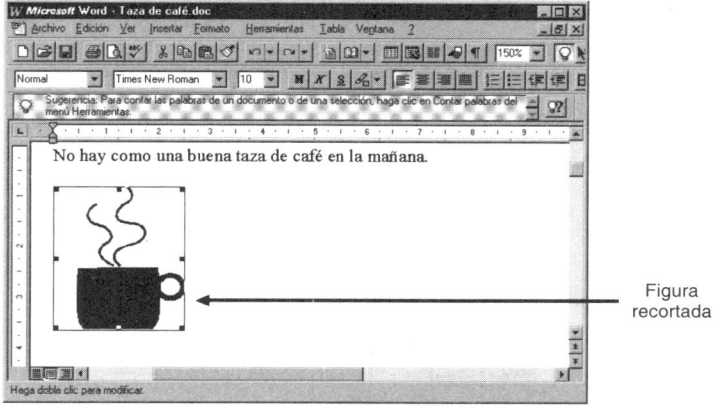

Figura
recortada

### Cambiar el tamaño de la imagen

Al modificar el tamaño de un dibujo puede estirar-
lo a lo ancho o a lo largo arrastrando los puntos de
control laterales, o hacerlo más grande o más
pequeño sin que pierda su proporción, arrastrando
los puntos de control de las esquinas. A continuación se modificará el tamaño de la siguiente imagen
utilizando el punto de control inferior derecho, de
manera tal que no se afecte su proporción.

▶ Haga clic sobre el dibujo para seleccionarlo, si
aún no lo ha hecho.

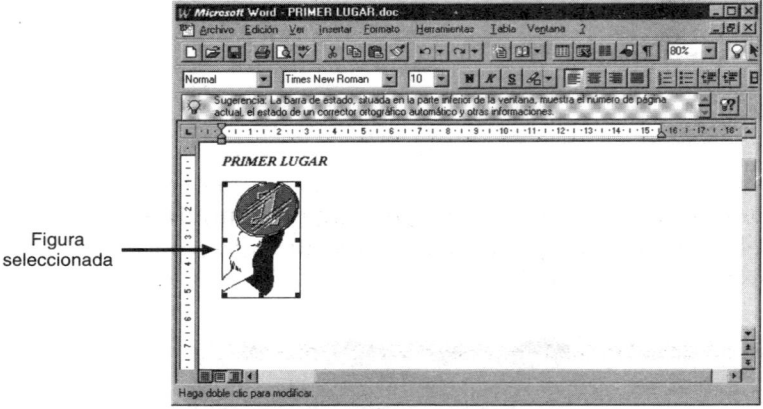

Figura
seleccionada

◗ Sitúe el puntero del *mouse* sobre el punto de control inferior derecho hasta que cambie a una flecha doble, y arrástrelo hasta obtener la figura deseada. Cuando arrastre el puntero aparecerá un cuadro con líneas punteadas que determina el nuevo tamaño del dibujo.

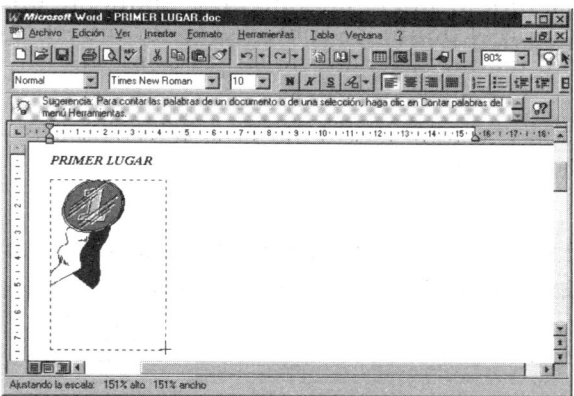

◗ Cuando logre el nuevo tamaño, suelte el botón del *mouse* y la imagen quedará modificada como se muestra a continuación:

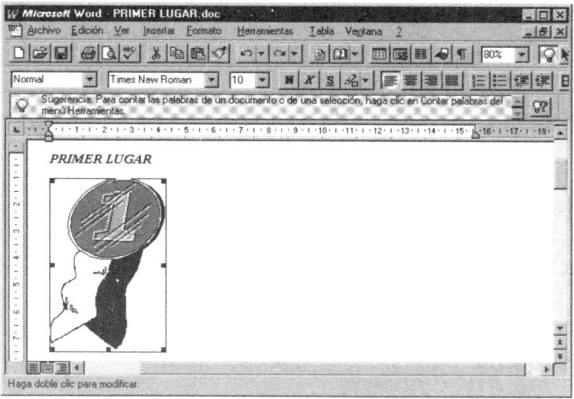

### Uso de la barra de herramientas Dibujo

La barra de herramientas **Dibujo** ofrece una serie de botones que permiten modificar una imagen insertada o creada. Para trabajar con la barra de herramientas **Dibujo**:

Barra
Dibujo

▶ Haga clic sobre el botón **Barra Dibujo** de la barra de herramientas **Estándar**.

▶ ... y se activará la barra de herramientas **Dibujo**.

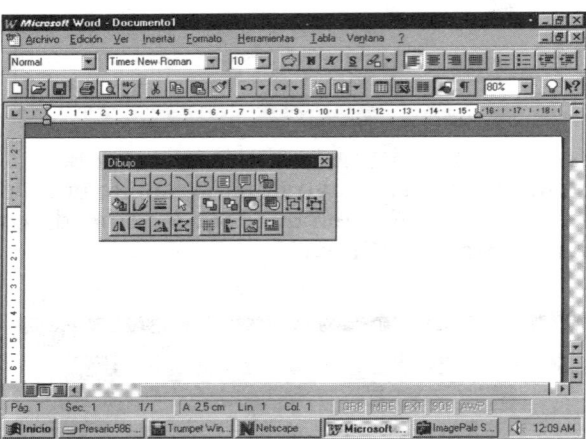

### Insertar un marco a una imagen

Cuando inserta un dibujo en el documento, el texto no se distribuye a su alrededor; si inserta un marco al dibujo, es posible hacerlo. Para insertar un marco siga estos pasos:

◗ Haga clic sobre la imagen para seleccionarla.

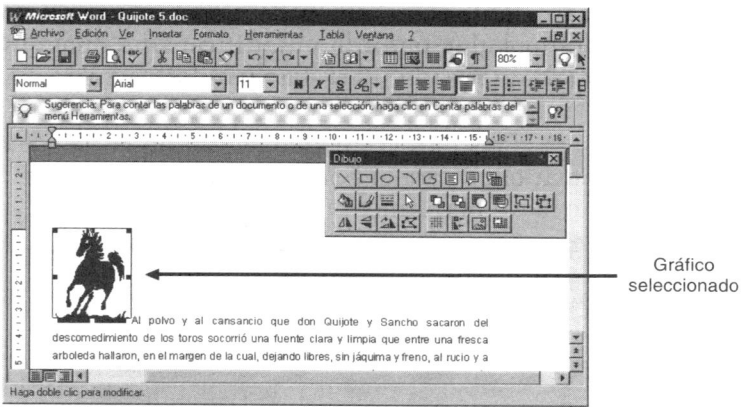

Gráfico
seleccionado

◗ Pulse el botón **Insertar marco** de la barra de herramientas **Dibujo** y la figura debe tener el siguiente aspecto:

Insertar
marco

Marco
de la figura

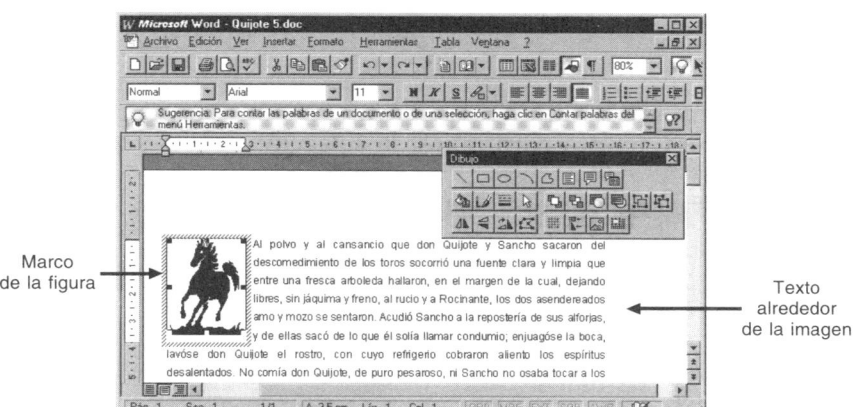

Texto
alrededor
de la imagen

Como puede observar, el texto aparece fluyendo alrededor del dibujo.

### Trasladar una imagen en el documento

Una vez definido el marco para una imagen, ésta puede trasladarse por la página, de tal forma que el texto fluya por ambos lados de la figura.

❯ Haga clic sobre la imagen si aún no la ha seleccionado.

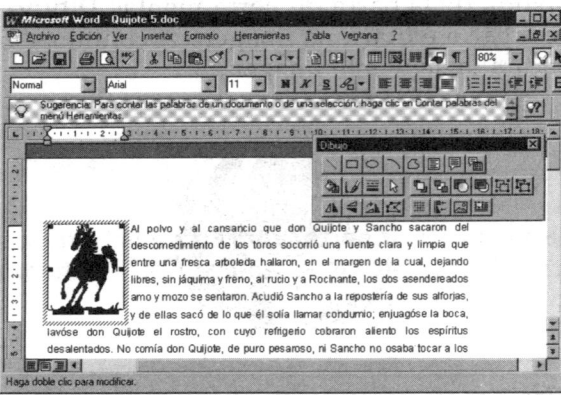

❯ Arrastre la figura a la nueva posición y haga clic fuera de ésta para quitar la selección.

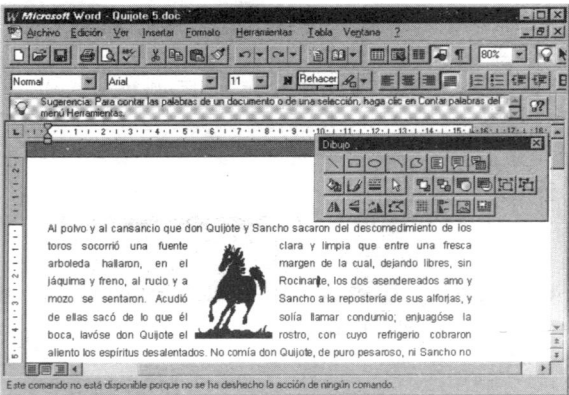

♦ Nótese que el marco sólo se visualiza si la figura está seleccionada y que no aparecerá en la impresión del documento. También puede insertar un marco seleccionando la orden **Marco** del menú **Insertar**.

### Modificar una imagen

Con ayuda de la barra de herramientas **Dibujo** puede crear o editar una imagen. A continuación se modificará la siguiente imagen:

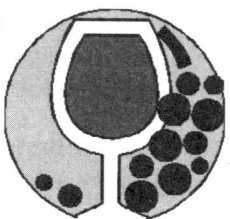

♦ Pulse dos veces sobre el dibujo el botón izquierdo del *mouse* y aparecerán las barras de herramientas **Dibujo** e **Imagen**; la pantalla cambia a la siguiente forma:

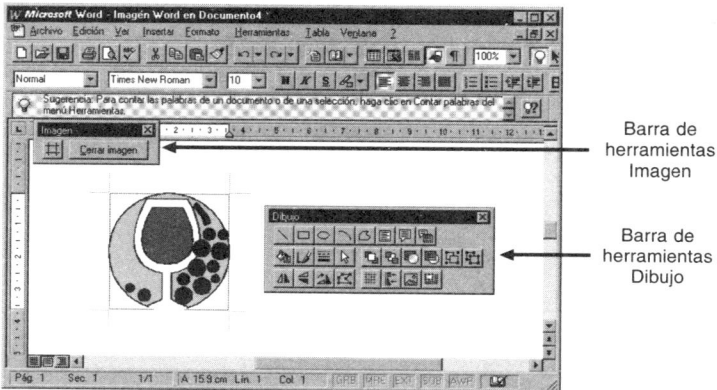

Barra de herramientas Imagen

Barra de herramientas Dibujo

◗ Haga clic en la parte interior de la imagen para seleccionar una de sus partes.

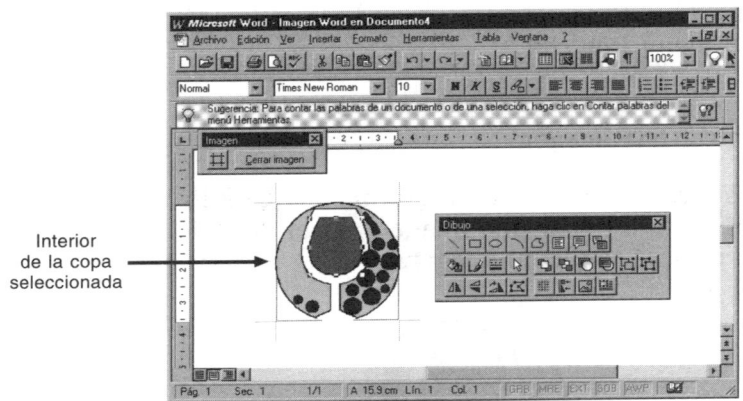

Interior
de la copa
seleccionada

Color
de relleno

◗ Pulse el botón **Color de relleno** de la barra de herramientas **Dibujo** y seleccione el color amarillo.

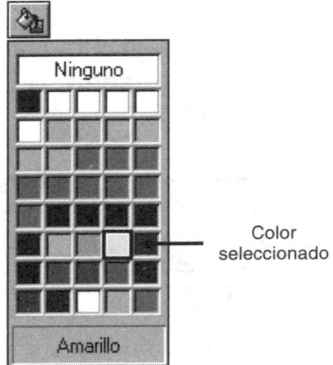

Color
seleccionado

◗ Presione el botón **Seleccionar objetos de dibujo** de la barra de herramientas **Dibujo** y arrastre el puntero del *mouse* hasta seleccionar toda la figura.

Seleccionar
objetos
de Dibujo

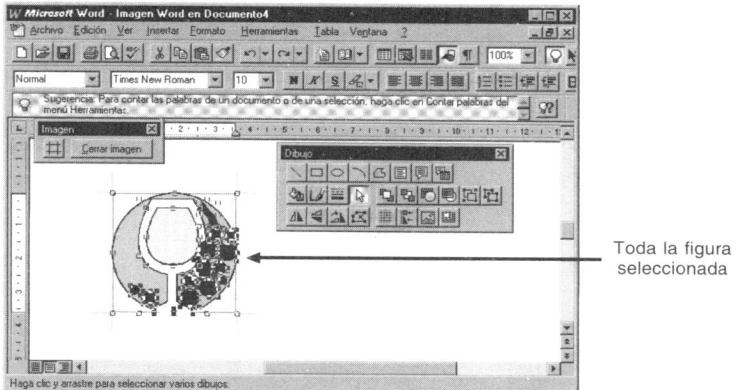

Toda la figura
seleccionada

◗ Oprima el botón **Rotar hacia la derecha** de la barra de herramientas **Dibujo**; haga clic fuera de la imagen y, finalmente, la figura se verá así:

Rota hacia la
derecha

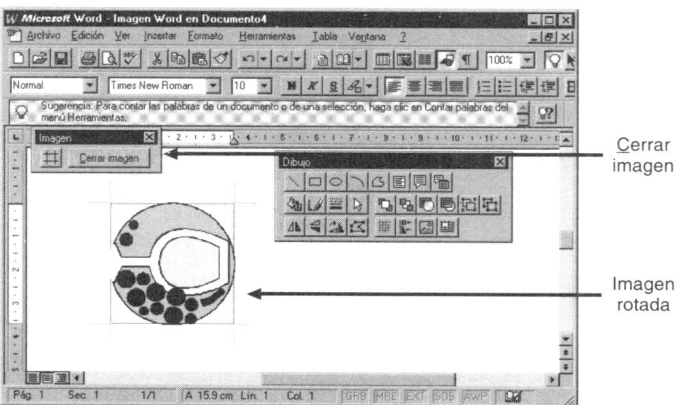

Cerrar
imagen

Imagen
rotada

◆ Pulse el botón **<u>C</u>errar imagen** de la barra de herramientas **Imagen**.

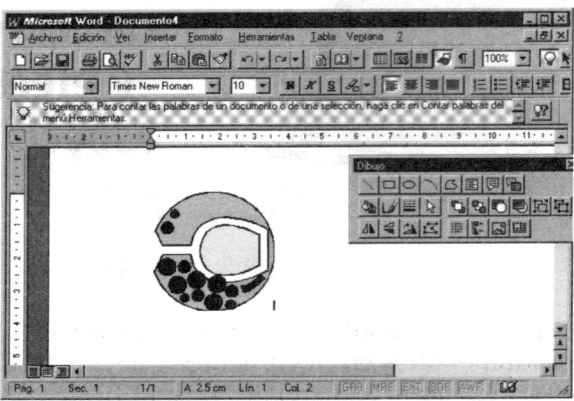

# Símbolos, caracteres y efectos especiales

Existen ciertos símbolos y caracteres especiales que son fundamentales en documentos relacionados con áreas técnicas, comerciales o científicas; para esto Word 7.0 incluye una serie de opciones, como:

©     Copyright
®     Registrado
∉     No pertenece

En otras ocasiones es necesario crear efectos especiales con el texto, como generar una letra capital, cambiar la forma de un texto, incluir nombre, rotar textos, etc.

De estos aspectos nos ocuparemos en este capítulo.

## Símbolos y caracteres especiales

Para incluir símbolos y caracteres especiales en un documento haga lo siguiente:

❯ Seleccione la opción **Símbolo...** del menú **Insertar**.

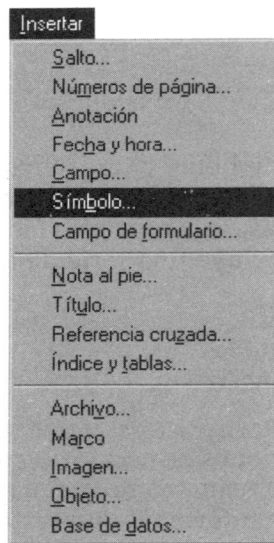

❯ ... y aparecerá la ventana **Símbolo**.

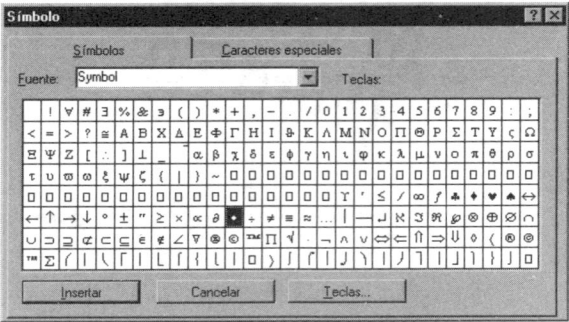

La ventana símbolo está compuesta de dos fichas:

- ✘ **S**ímbolos
- ✘ **C**aracteres especiales

### Símbolos
A través de esta ventana puede insertar símbolos y caracteres que no estén disponibles en el teclado.

### Fuente:
En esta lista desplegable puede seleccionar cualquier fuente para incluirla como símbolo.

**Caracteres especiales**

Existen determinados caracteres que están predefinidos y a través de una combinación de teclas los puede incluir en el texto.

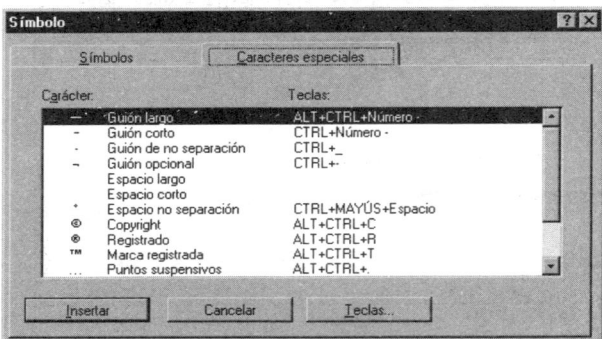

Los siguientes botones son comunes para ambas fichas y cumplen idéntica función.

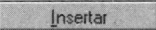

**Insertar**

Al oprimir este botón el caracter seleccionado se incluye en la posición del cursor en el documento; con un doble clic se consigue el mismo efecto.

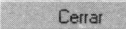

**Cerrar**

Cierra la ventana **Símbolo**.

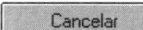

**Cancelar**

Cierra la ventana **Símbolo**.

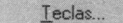

**Teclas...**

Si pulsa este botón se activa la ventana **Personalizar**, donde puede asignar una combinación de teclas para generar un determinado símbolo.

◆ Suponga que tiene el siguiente documento:

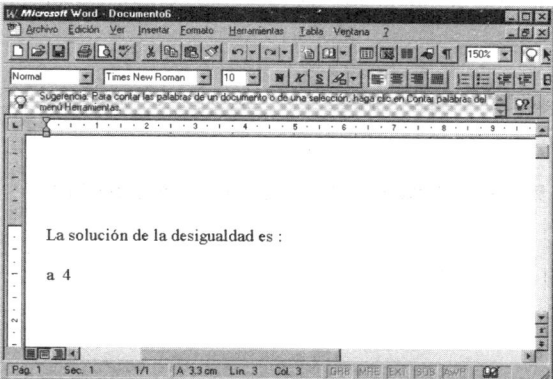

◆ Nótese que en la segunda línea están los caracteres **a** 4; lo que debería decir es que: **a** es mayor o igual a 4, por tanto, falta el símbolo ≥.

◆ Posicione el cursor entre la letra **a** y el número 4. Active la ventana **Símbolo** y seleccione la ficha **Símbolos**.

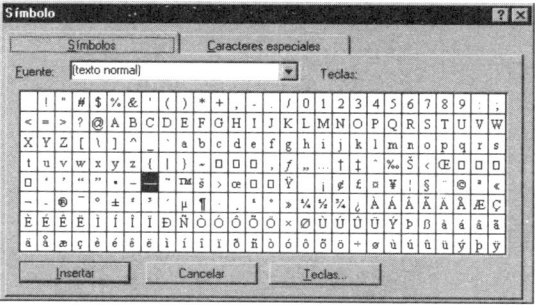

◗ En **Fuente:** seleccione **Symbol**.

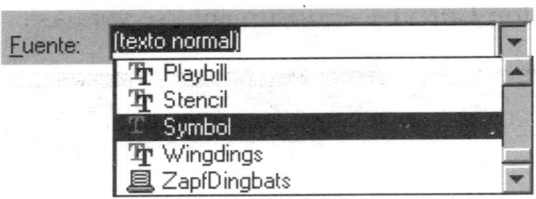

◗ Resalte el carácter mayor o igual.

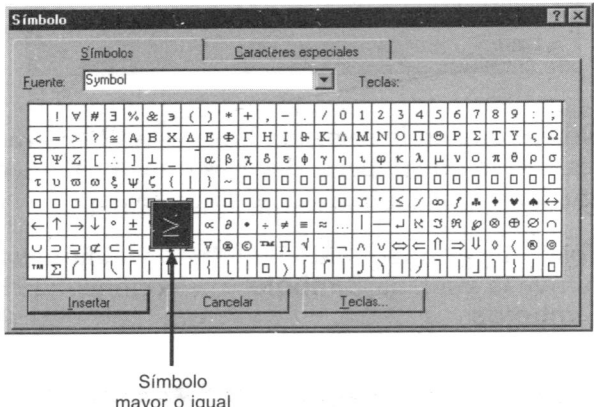

Símbolo
mayor o igual

- Para incluir el símbolo haga dos veces clic sobre el carácter u oprima el botón **Insertar**. Presione el botón **Cerrar** y el documento se verá así:

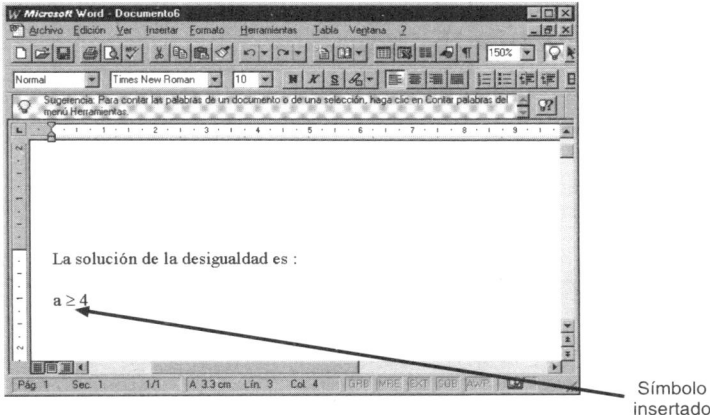

Símbolo
insertado

- Suponga que necesita emplear el símbolo ≥ muchas veces, para esto puede asignar una combinación de teclas.

- Active nuevamente la ventana **Símbolo** y resalte el símbolo.

- Oprima el botón **Teclas...** y se activará la ventana **Personalizar**.

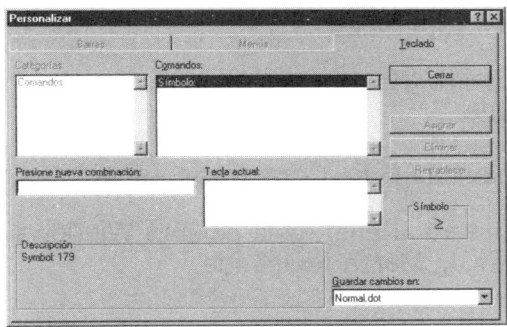

▶ Vaya al recuadro **Presione nueva combina-
ción:** y presione las teclas **Ctrl** y **9**, simultáneamente. Bajo el cuadro aparecerá el mensaje **sin
asignar**; nótese que si la combinación de teclas
está asignada aparecerá un mensaje, por ejemplo, **Ctrl + N**, negrita.

▶ Oprima los botones **Asignar** y **Cerrar** en ambas
ventanas.

▶ Sitúese en cualquier parte del texto, oprima
**Ctrl + 9** y aparecerá el signo mayor o igual.

Símbolos
insertados ⟶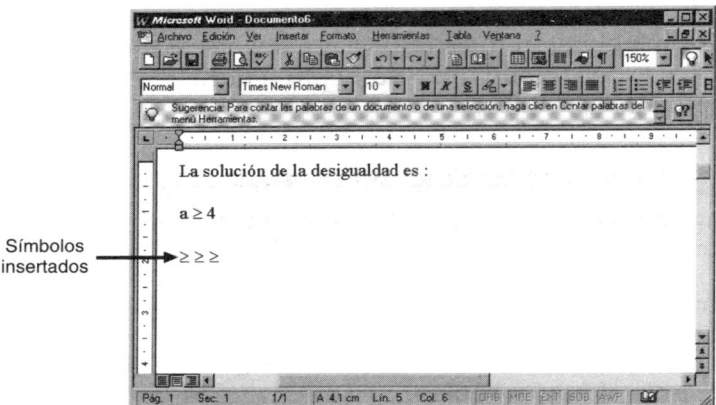

## Caracteres especiales

▶ En el menú **Insertar** seleccione la opción
**Símbolo...**

▶ Seleccione la ficha **Caracteres especiales**.

▶ Se insertará al final de la palabra Windows el
carácter de Marca registrada.

◗ Seleccione el carácter.

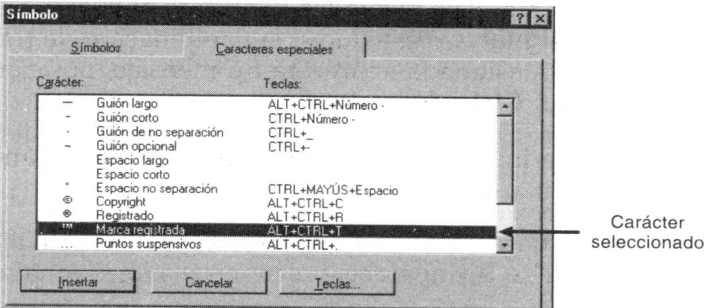

Carácter
seleccionado

◗ Oprima el botón **Insertar** o haga dos veces clic
sobre la selección y el documento tendrá el
siguiente aspecto:

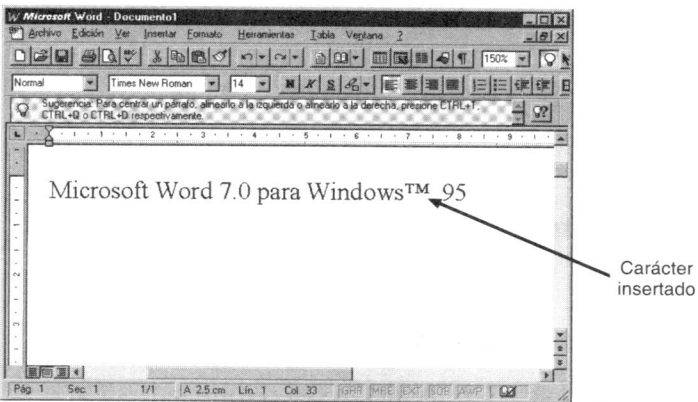

Carácter
insertado

◗ Nótese que al pulsar **Alt + Ctrl + T** obtendrá el
mismo efecto.

### Creación de letra capital

Con Word 7.0 puede crear una letra mayúscula colgante del tamaño deseado, al inicio del párrafo. Para esto siga los siguientes pasos:

◗ Posicione el punto de inserción en cualquier sitio del párrafo.

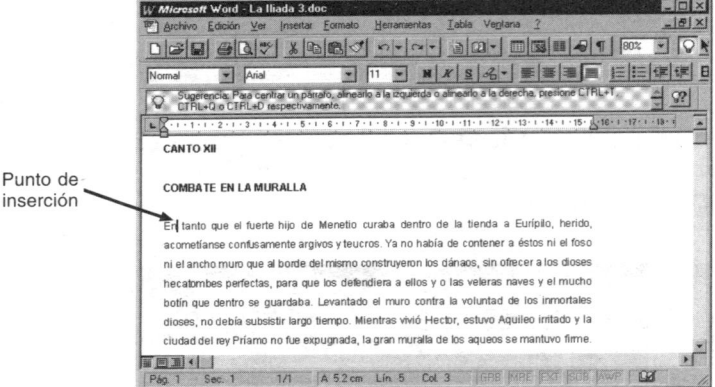

Punto de inserción

◗ Seleccione la orden **Letra capital...** del menú **Formato**.

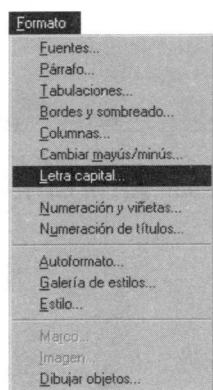

❯ ... y se abre el cuadro de diálogo **Letra capital**.

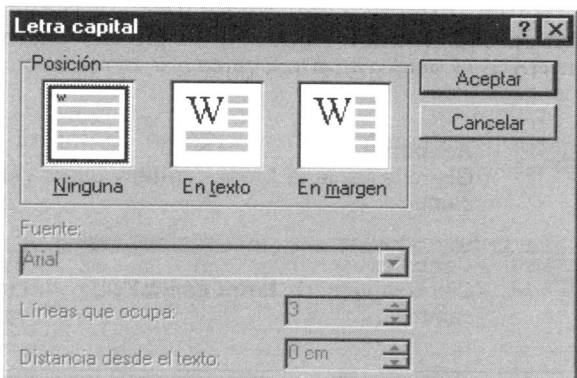

**Posición**
En el área puede seleccionar la forma como desea la letra capital con respecto al párrafo, las opciones son **Ninguna**, **En texto** o **En margen**.

**Fuente:**
Permite seleccionar el tipo de letra capital.

**Líneas que ocupa:**
En este recuadro se escribe el tamaño, en número de líneas, de la letra capital.

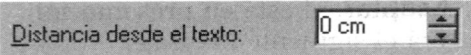

**Distancia desde el texto:**
Aquí se define la distancia de la letra capital con respecto al resto del texto.

**Aceptar**
Cierra la ventana **Letra capital** y guarda los cambios.

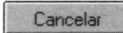

**Cancelar**
Cierra la ventana **Letra capital** sin guardar los cambios.

---

▶ En el área **Posición** seleccione **En margen**; en la lista desplegable **Fuente:** escoja Times; escriba 4 en el recuadro de **Líneas que ocupa:** y en el recuadro **Distancia desde el texto:** seleccione 0,8 cm.

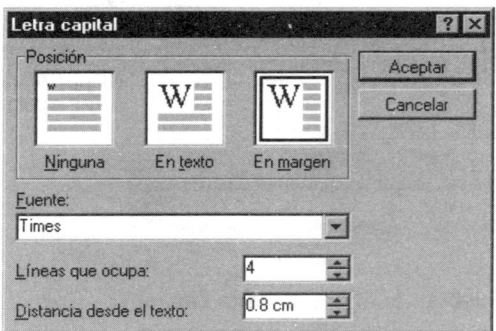

◗ Pulse el botón **Aceptar**. Si está en presentación **Normal**, aparecerá el siguiente mensaje:

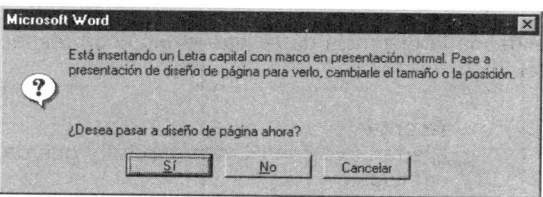

◗ Si pulsa el botón **Sí**, pasará al modo de **Diseño de página** y el documento tomará el siguiente aspecto:

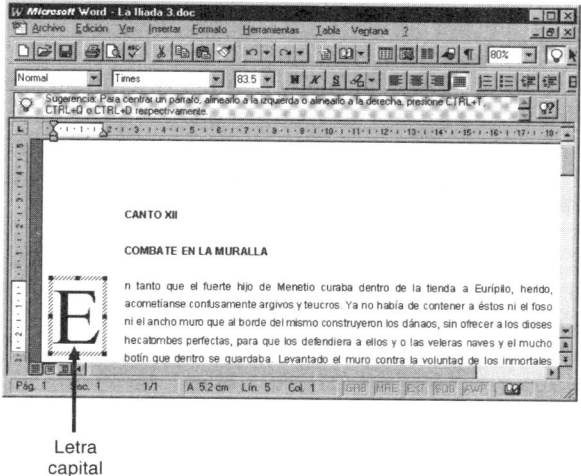

Letra
capital

En la siguiente figura podrá apreciar los elementos y dimensiones cuando se crea una letra capital:

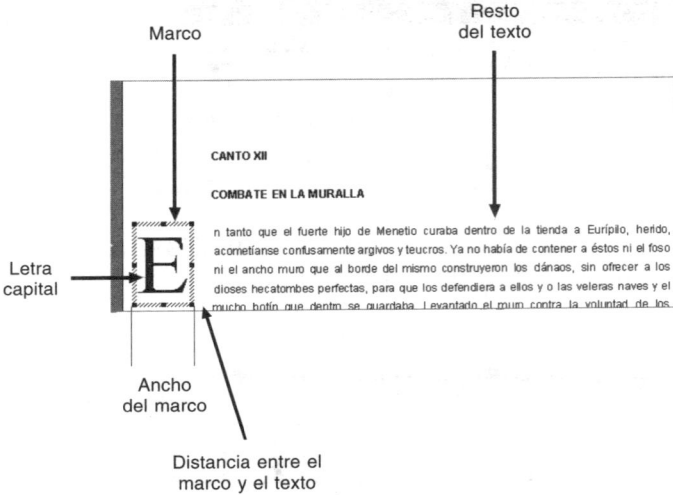

## Dimensiones del marco

En la figura anterior se describen algunos elementos del marco en una letra capital; puede modificar estas partes haciendo doble clic en el borde del marco o seleccionando la orden **Marco...** del menú **Formato**.

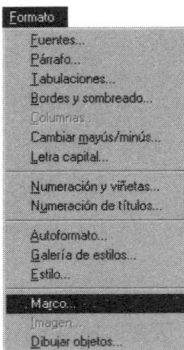

◗ ... y aparecerá el cuadro de diálogo **Marco**.

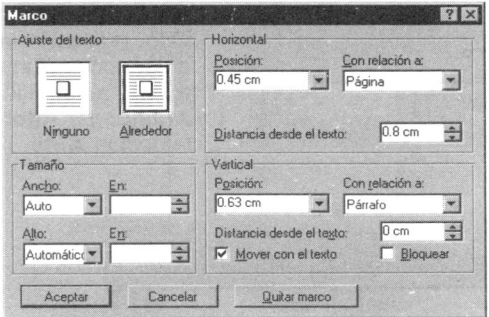

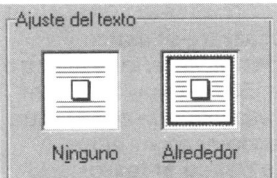

**Ajuste del texto**
Si selecciona **Ninguno**, el marco ocupará la totalidad de las líneas para la letra capital; el texto no queda alrededor del marco. Si activa la opción **Alrededor**, el texto queda distribuido por los contornos del marco.

**Horizontal**
**Posición:** indica el lugar donde se localizará el marco (horizontalmente), las opciones son **Izquierda**, **Derecha**, **Centro**, **Interior** y **Exterior**; también puede escribir un valor entre -55,87 cm y 55,87 cm. La **Posición:** está determinada con respecto a la opción que seleccione en **Con relación a:**, pudiendo escoger entre **Margen**, **Página** y **Columna**. **Distancia desde el texto:** determina el espacio entre el lado izquierdo y/o derecho del marco y el texto.

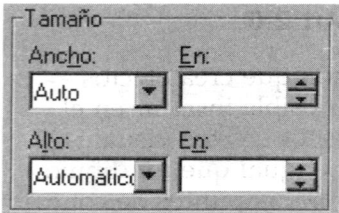

**Tamaño**
Aquí se establece el
**Anc<u>h</u>o:** y/o **A<u>l</u>to:** del
marco. Puede definir un
valor preciso seleccionando la opción **Exacto** o
ajustar automáticamente el
**Anc<u>h</u>o:** y/o **A<u>l</u>to:** usando
la opción **Auto**.

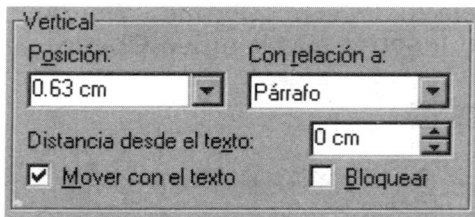

**Vertical**
**P<u>o</u>sición:** indica el lugar donde se localizará el marco
(verticalmente), las opciones son **Superior**, **Inferior y Centro**;
también puede escribir un valor entre -55,87 cm y 55,87 cm.
La **P<u>o</u>sición:** está determinada con respecto a la opción que
seleccione en **Con <u>r</u>elación a:**, pudiendo escoger entre
**Margen**, **Página** y **Párrafo**. **Distancia desde el te<u>x</u>to:**
determina el espacio entre el lado superior e inferior del
marco y el texto. Si activa la casilla **<u>M</u>over con el texto**, el
desplazamiento del marco y del texto será simultáneo. La
opción **<u>B</u>loquear** bloquea el delimitador del marco en el
párrafo.

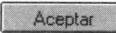

**Aceptar**
Cierra la ventana **Marco** y guarda los cambios.

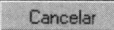

**Cancelar**
Cierra la ventana **Marco** sin guardar los
cambios.

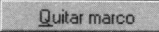

**<u>Q</u>uitar marco**
Elimina el marco.

## Efectos de texto con WordArt 2.0

WordArt 2.0 es una aplicación que crea efectos especiales en los textos. Es posible insertar en el documento un texto con ciertos efectos visuales. Este texto puede modificarse igual que un dibujo, cambiar su tamaño utilizando los puntos de control, añadir un marco, moverlo, etc.

◗ Para crear un efecto de texto utilizando WordArt 2.0, en el menú **Insertar** elija la orden **Objeto...**

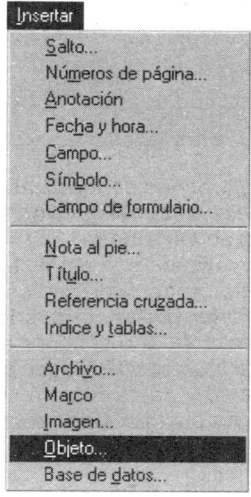

Insertar
Salto...
Números de página...
Anotación
Fecha y hora...
Campo...
Símbolo...
Campo de formulario...

Nota al pie...
Título...
Referencia cruzada...
Índice y tablas...

Archivo...
Marco
Imagen...
Objeto...
Base de datos...

▶ ... y se abre el cuadro de diálogo **Objeto**. Haga clic en la ficha **Crear nuevo**, si no está seleccionado. En la lista **Tipo de objeto:** seleccione Microsoft WordArt 2.0.

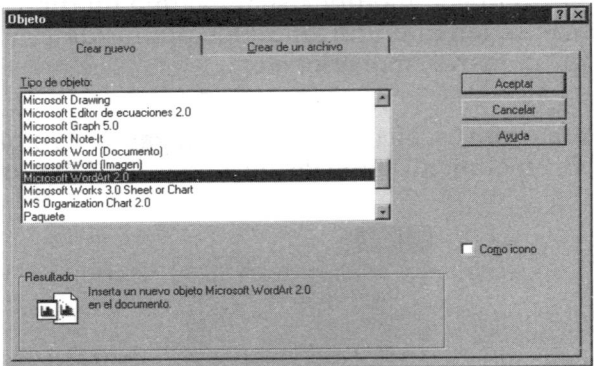

▶ Presione el botón **Aceptar** y la pantalla tendrá el siguiente aspecto:

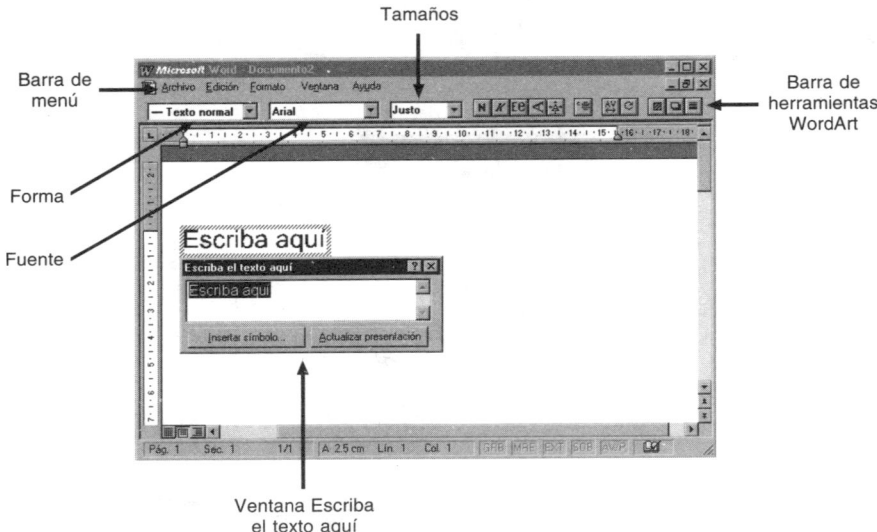

Tamaños

Barra de menú

Barra de herramientas WordArt

Forma

Fuente

Ventana Escriba el texto aquí

◆ En el recuadro **Escriba el texto aquí** digite París, presione el botón **Actualizar presentación** y tendrá la siguiente pantalla:

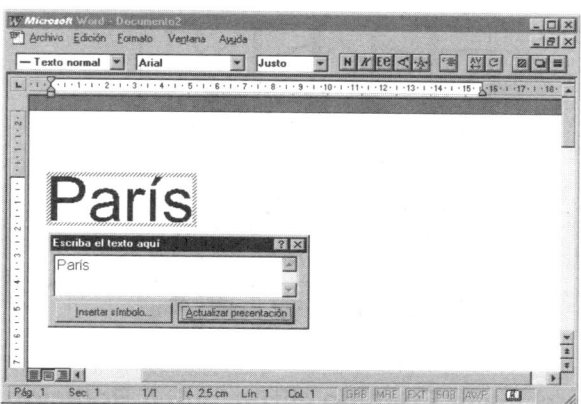

◆ A París agréguele el símbolo de Copyright (©), presionando el botón **Insertar símbolo...**, elija el símbolo requerido y pulse **Aceptar**.

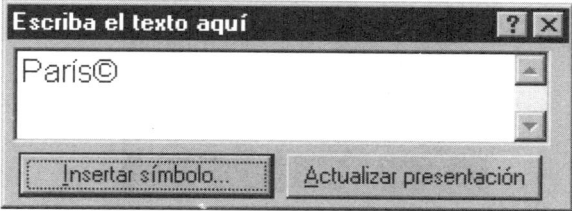

◗ En la siguiente lista desplegable seleccione una de las formas:

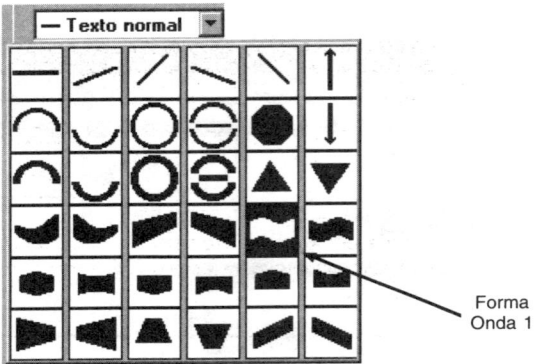

Forma
Onda 1

Rotación

◗ En el menú **Formato** elija la orden **Rotación y efectos...** o pulse el botón **Rotación**.

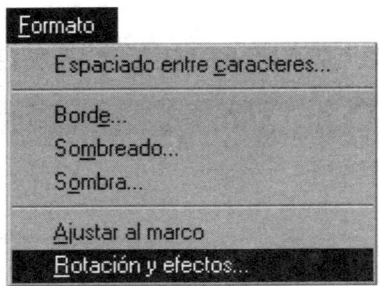

◗ ... y aparecerá la ventana de diálogo **Efectos especiales**. En el recuadro **Rotar** escriba 25 (25 grados), en **Ajustar** 40 (40%) y pulse **Aceptar**.

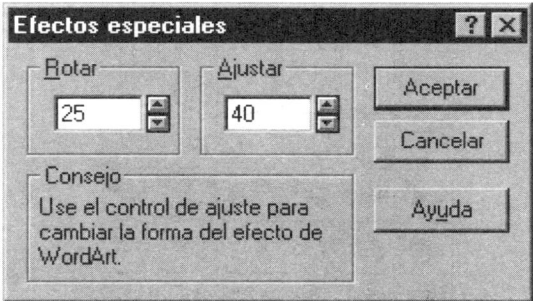

◗ Seleccione un tipo de sombra con el botón **Sombra**; también puede seleccionarlo mediante la orden **Sombra...** del menú **Formato** y se abre el siguiente cuadro:

Sombra

◗ Elija un tipo de sombra y presione el botón **Aceptar**.

Espaciado
entre
caracteres

▶ Seleccione la orden **Espaciado entre caracte-res...** del menú **Formato**.

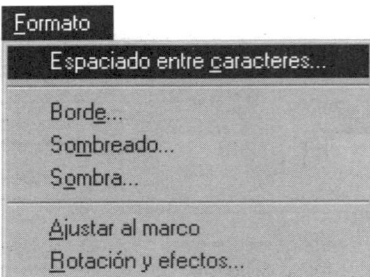

▶ ... y en la ventana **Espaciado entre caracteres** seleccione la opción **Muy estrecho** y pulse **Aceptar**.

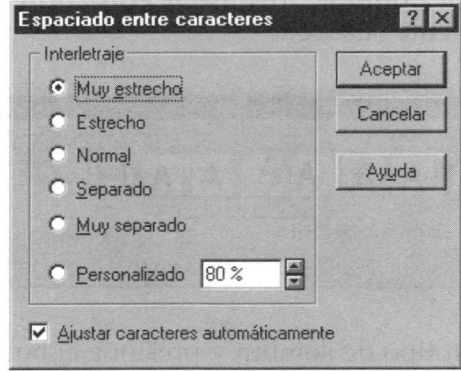

◗ En el menú **Formato** seleccione **Borde...**, en **Grosor** elija **Mediano** y en la lista **Color** elija Rojo.

◗ Presione el botón **Aceptar**, la pantalla debe verse como la siguiente:

◗ Haga clic sobre el documento para volver a Word 7.0 y el texto quedará así:

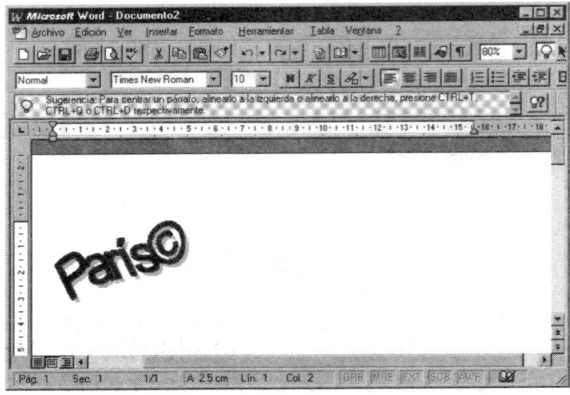

# Macros

Una macro es una serie de instrucciones que se graban secuencialmente con el fin de automatizar tareas repetitivas. Puede crearse una macro cuando se ejecuta con frecuencia alguna acción como aplicar negrita, dar formatos, etc.

Cuando crea una macro puede asignarle un botón, una combinación de teclas o agregarla como opción al menú deseado. También es posible editar una macro modificando directamente el código que se genera en WordBasic.

### Grabar una macro

Antes de grabar una macro organice y planifique lo que desea que ésta ejecute, por ejemplo:

Siga los siguientes pasos para la grabación de la macro:

◗ Seleccione la opción **Macros...** del menú **Herramientas**.

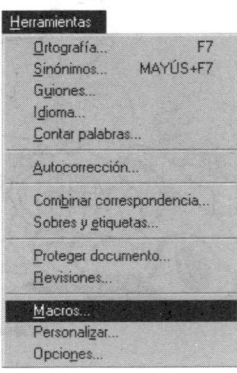

◗   ... y se abrirá la ventana de diálogo **Macro**.

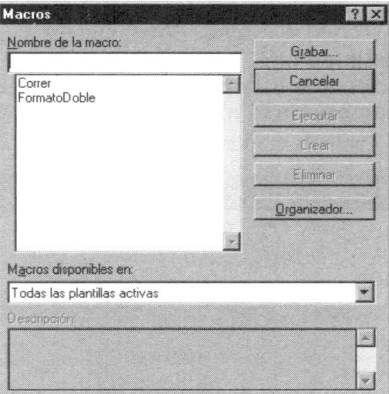

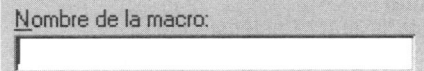

**Nombre de la macro:**
Se escribe el nombre de la macro que se va a grabar.

Área donde se encuen-
tran los nombres de las
macros disponibles.

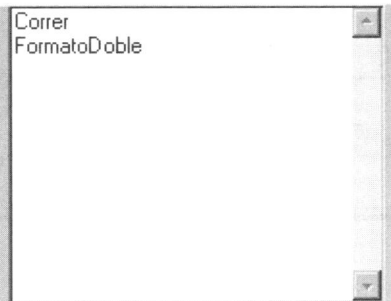

**Macros disponibles en:**
Permite seleccionar la lista de macros que desee visualizar en
el recuadro **Nombre de la macro**.

**Descripción:**
Puede escribir una breve explicación de la función de la
macro.

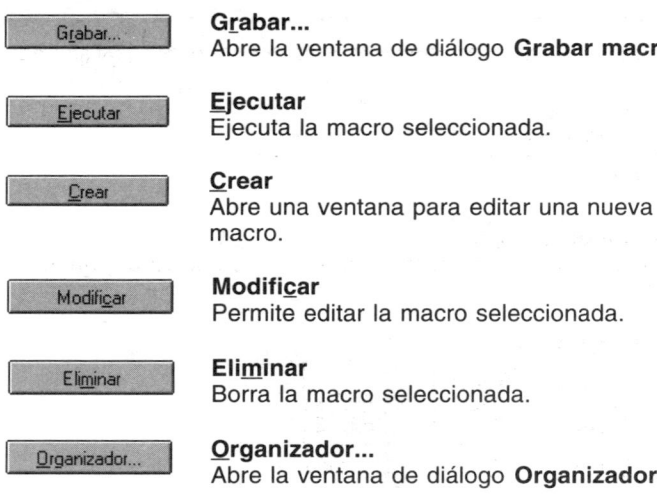

**Grabar...**
Abre la ventana de diálogo **Grabar macro**.

**Ejecutar**
Ejecuta la macro seleccionada.

**Crear**
Abre una ventana para editar una nueva
macro.

**Modificar**
Permite editar la macro seleccionada.

**Eliminar**
Borra la macro seleccionada.

**Organizador...**
Abre la ventana de diálogo **Organizador**.

> Presione el botón **Grabar...** y se abrirá la venta-
> na de diálogo **Grabar macro**.

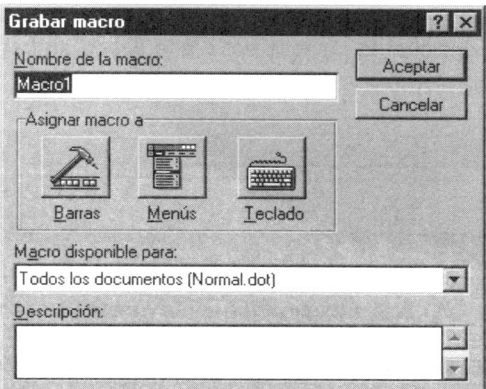

**Nombre de la macro:**
Aquí se escribe el nombre de la macro que se va a grabar.

**Asignar macro a**
Permite asignar la macro a un botón, menú o combinación de
teclas presionando el respectivo botón: **Barras**, **Menús** y
**Teclado**.

**Macro disponible para:**
Puede seleccionar la plantilla en la que desee grabar la
macro.

**Descripción:**
Se escribe una breve explicación de la función de la macro.

◗ Asigne el nombre de la macro en el recuadro
  **Nombre de la macro:**, por ejemplo, MiMacro.

◗ Escriba una breve descripción de la función de
  la macro que se va a grabar en el recuadro
  **Descripción:**, por ejemplo, Genera un informe
  moderno.

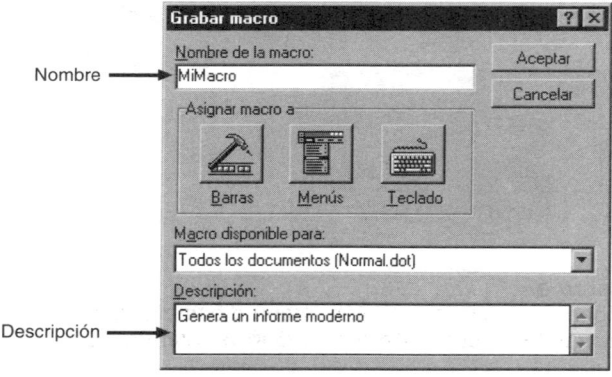

◗ Presione el botón **Aceptar**.

▶ Se visualiza la barra de herramientas **Grabar macro** y junto al puntero aparece un casete indicando que está listo para grabar:

▶ Puede empezar a grabar todas las instrucciones, por ejemplo:

1. Seleccione la orden **Nuevo...** de menú **Archivo**.

2. Haga clic en la ficha **Informes** del cuadro de diálogo **Nuevo**.

3. Haga clic en el icono **Informe moderno**, presione el botón **Aceptar** y aparecerá el siguiente documento:

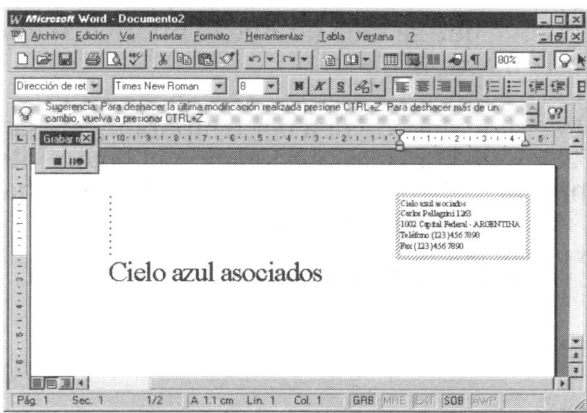

▶ Pulse el botón **Detener** de la barra de herramientas **Grabar macro**, cuando termine la secuencia de instrucciones.

Detener

◗ Para ejecutar la macro en el menú **Herramientas** seleccione la opción **Macros...** y se abrirá la ventana **Macros**, escoja MiMacro, pulse el botón **Ejecutar** y verá lo siguiente:

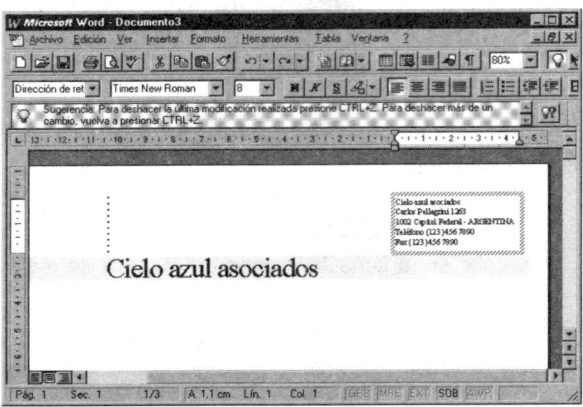

◗ Observe que se creó un nuevo informe al ejecutar la macro MiMacro.

Nótese que puede detener temporalmente la grabación de la macro presionando el botón **Interrumpir** de la barra de herramientas **Grabar macro**. Para continuar con la grabación pulse de nuevo este botón.

### Asignar un botón a una macro

Es posible asignarle un botón a una macro y ejecutarla presionando el mismo. Por ejemplo, a la macro MiMacro puede asignarle un botón y colocarlo en la barra de herramientas que desee. Los pasos que debe seguir para asignarle un botón a una macro son los siguientes:

◗ Seleccione la orden **Personalizar...** del menú **Herramientas**.

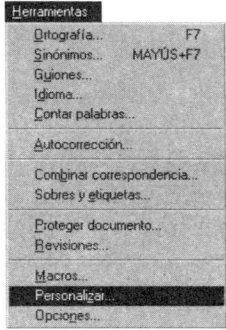

◗ ... y se abrirá la ventana de diálogo **Personalizar**. Presione la ficha **Barras** si aún no lo ha hecho.

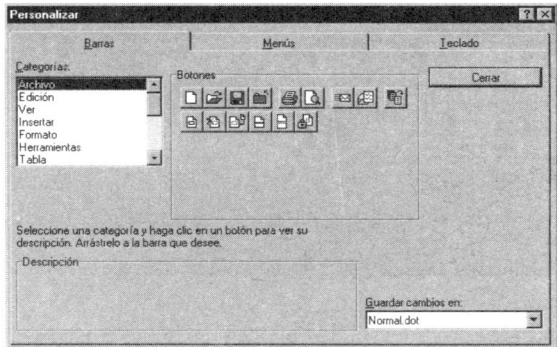

▶ Elija **Macros** en la lista **Categorías:** y la ventana cambia, como se muestra a continuación:

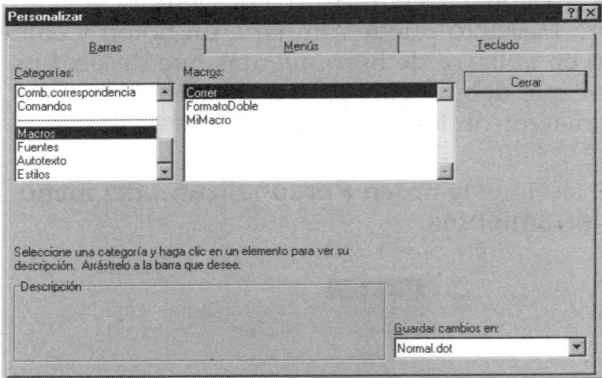

▶ En el recuadro **Macros:** sitúe el puntero del *mouse* sobre el nombre de la macro a la que desea asignarle el botón y arrástrelo hacia la barra de herramientas que desee, para incrustarlo, o hacia el área del documento para hacer una barra nueva.

Puntero del *mouse*

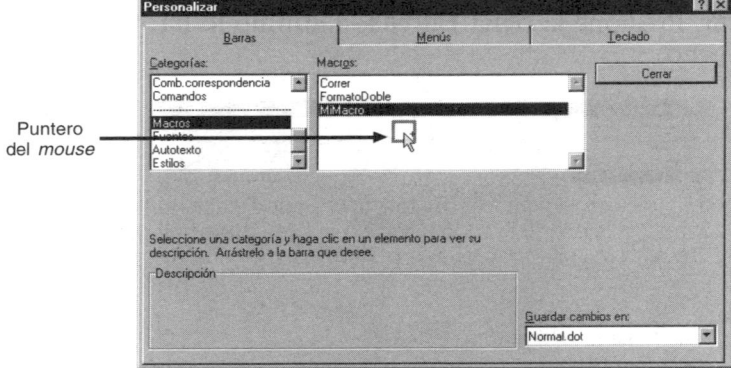

◗ ... y se abrirá el cuadro de diálogo **Personalizar botón**.

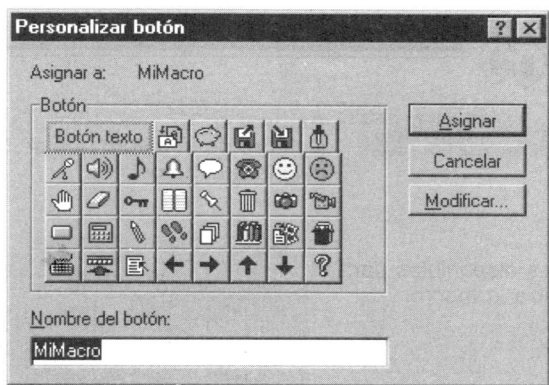

◗ Selecione un botón en el cuadro de diálogo **Personalizar botón** y presione el botón **Asignar**.

◗ El botón quedará incrustado en la barra de herramientas y tendrá el siguiente aspecto:

Si el botón que selecciona es **Botón texto** puede asignarle un nombre; por ejemplo, escriba en el recuadro **Nombre del botón: Mi Macro**, presione el botón **Asignar** y el botón tomará este aspecto:

⧫ Oprima el botón **Cerrar** de la ventana de diálogo **Personalizar**.

**Asignar a:**
Nombre de la macro que se le asignará al botón.

**Botón**
Botones disponibles para asignar a la macro.

**Nombre del botón:**
En este recuadro puede escribir el nombre del botón.

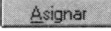
**Asignar**
Asigna el botón seleccionado a la macro.

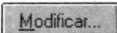
**Modificar...**
Abre el cuadro de diálogo **Editor de botones**.

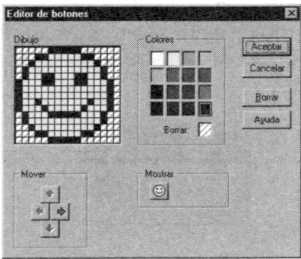

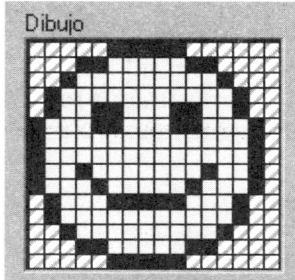

**Dibujo**
En esta cuadrícula puede dibujar la figura que desee para el nuevo botón.

**Colores**
Seleccione aquí el color que desea para editar la cuadrícula del área **Dibujo**.

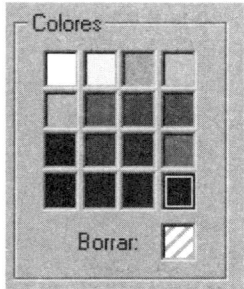

**Mostrar**
Muestra cómo va quedando el diseño del botón.

**Mover**
Desplaza el dibujo sobre la cuadrícula del área **Dibujo** en sentido vertical u horizontal pulsando las respectivas teclas.

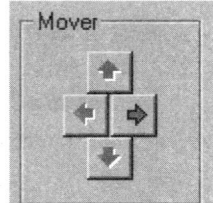

### Asignar una macro a un menú

Es posible ejecutar una macro seleccionándola en un menú. Para asignar una macro a un menú proceda así:

◗ Seleccione la orden **Personalizar...** en el menú **Herramientas**.

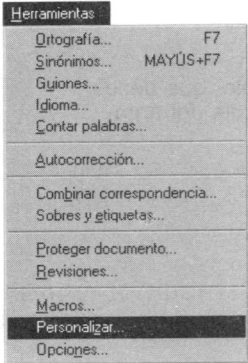

◗ ... y se abrirá el cuadro de diálogo **Personalizar**.

◗ Presione la ficha **Menús** (si no está seleccionada) y la ventana tendrá el siguiente aspecto:

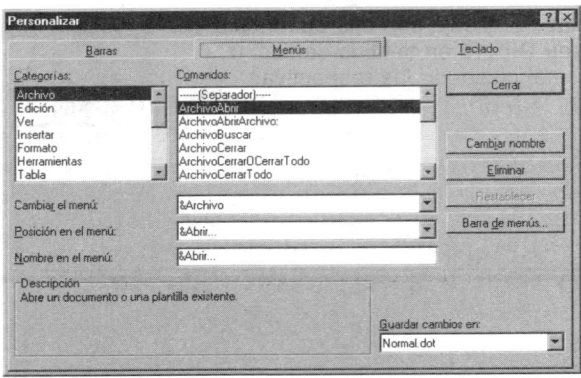

▶ Elija **Macros** en la lista **Categorías:** y la ventana cambiará a la siguiente:

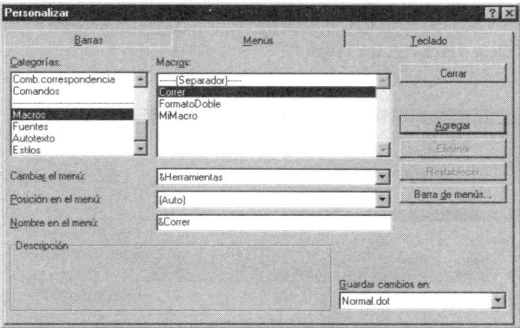

▶ Haga clic sobre la macro que desea asignar a un menú en este caso MiMacro.

▶ Seleccione en **Cambiar el menú:** el menú donde desea incluir la macro, en este caso **Ventana**.

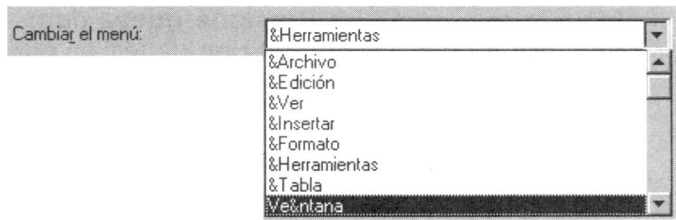

▶ En la lista de **Posición en el menú:** elija la posición donde desea colocar la orden, por ejemplo, **Abajo**.

▶ Escriba el nombre del menú (MiMacro) en el recuadro **Nombre en el menú:**, en este caso M&iMacro y oprima el botón **Agregar**.

Nótese que el símbolo ampersand & se coloca para que la letra **i** aparezca subrayada.

◗ Seleccione la ficha **Teclado**, y la ventana cambiará a la siguiente:

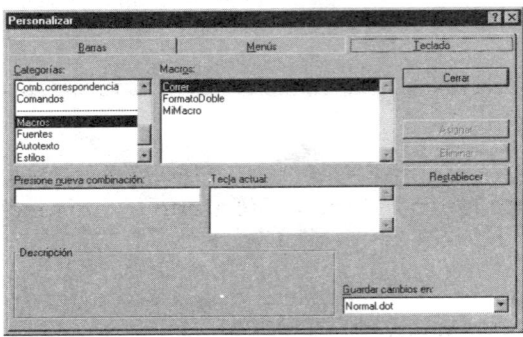

◗ Elija **Macros** en el recuadro **Categorías:**

◗ Seleccione MiMacro en el cuadro **Macros:**, ubíquese en el recuadro **Presione nueva combinación:** y pulse la combinación de teclas, por ejemplo, **Ctrl + 7** para la macro MiMacro.

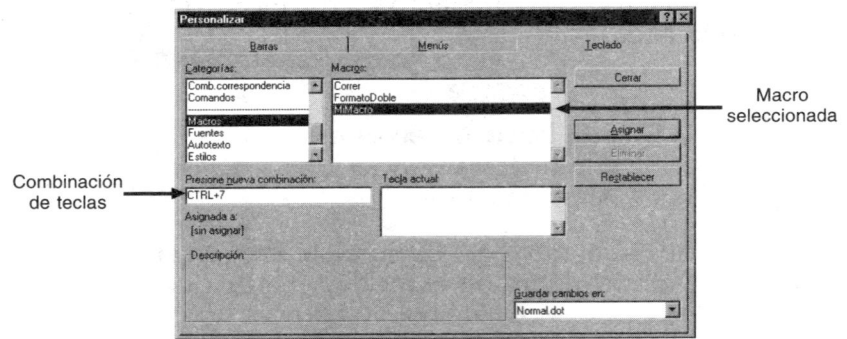

Macro seleccionada

Combinación de teclas

◗ Presione los botones **Asignar** y **Cerrar**.

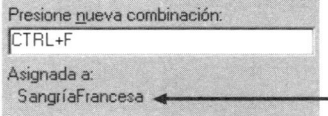

Es posible que la combinación de teclas que escriba ya esté asignada; en este caso aparecerá un mensaje como el siguiente:

Ahora podrá ejecutar MiMacro seleccionando la orden **MiMacro** del menú **Ventana** o presionando la combinación de teclas **Ctrl + F7**.

### Editar una macro

Las instrucciones de una macro están escritas en Word Basic, es decir, se utilizan instrucciones del lenguaje Basic. En este texto no se detallará la utilización de Word Basic; sin embargo, aprenderá a ver el código de una macro y hacerle una sencilla modificación. Suponga que tiene la macro MiMacro.

▶ Seleccione la orden **Macros...** del menú **Herramientas**.

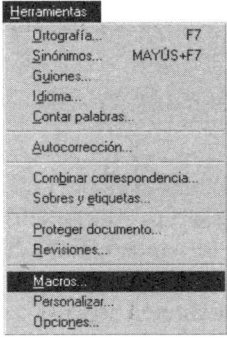

◗ Aparece el cuadro de diálogo **Macro**; seleccione la macro MiMacro.

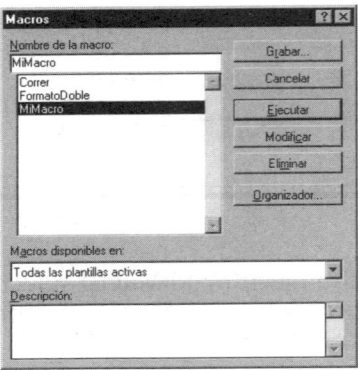

◗ Presione el botón **Modificar** y aparecerá una ventana aparte que contiene el código de la macro.

Código de la macro

Barra de herramientas Macro

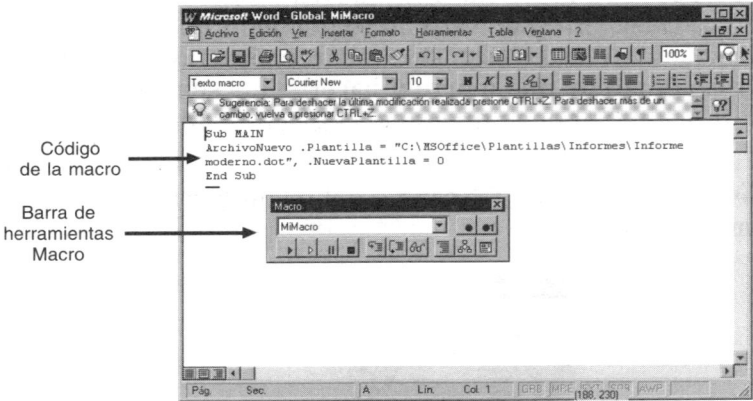

Como puede observar, aparece el código en lenguaje Word Basic. La instrucción **Sub MAIN** indica el inicio de la macro, **End Sub** indica el final, y el contenido que hay entre estas dos corresponde a las instrucciones.

▶ Posicione el punto de inserción al final de la primera línea, presione **Enter** y escriba:

Insertar "Este es un informe"
MsgBox "Esta macro crea un informe moderno", "Mi Macro"

▶ El código debe quedar así:

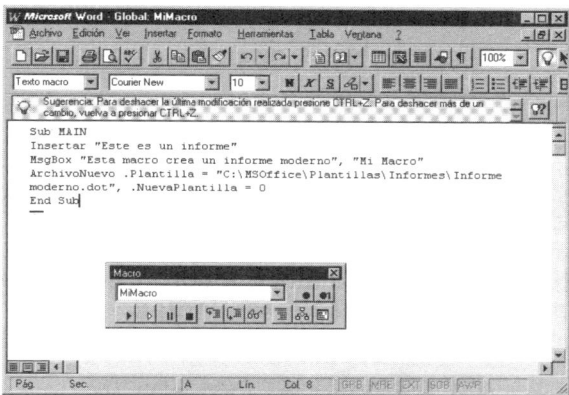

Cuando utiliza la instrucción **Insertar,** el texto que está entre comillas se escribirá en el documento. La instrucción **MsgBox** muestra un cuadro de mensaje cuando ejecute la macro y llegue a dicha instrucción.

▶ Seleccione la orden **Cerrar** del menú **Archivo**, aparecerá el siguiente cuadro:

▶ Presione el botón **Sí** para guardar los cambios y aparecerá el documento en el cual está trabajando.

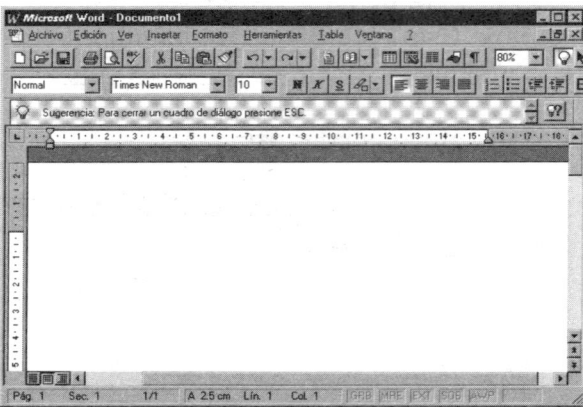

▶ Abra el cuadro de diálogo **Macro** desde la orden **Macros...** del menú **Herramientas**.

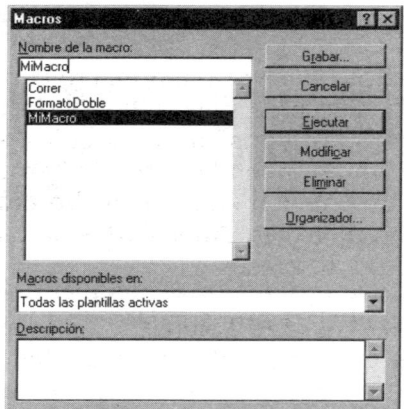

❱ Seleccione MiMacro, presione el botón **Ejecutar** y aparecerá el siguiente cuadro de mensaje:

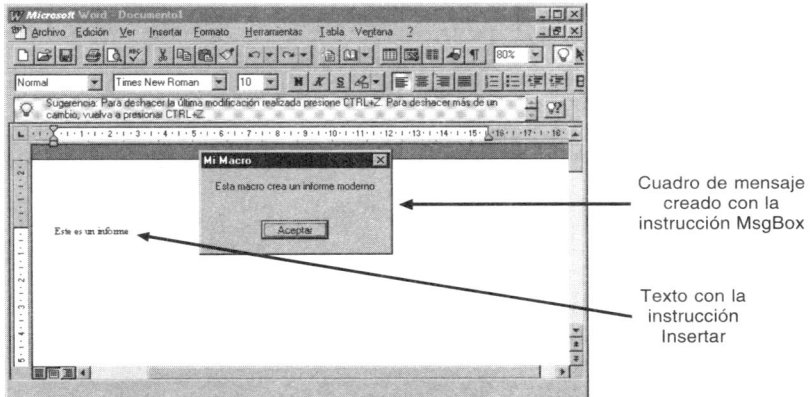

Cuadro de mensaje creado con la instrucción MsgBox

Texto con la instrucción Insertar

❱ Presione el botón **Aceptar** para continuar con la siguiente instrucción de la macro.

### Ejemplo de creación de una macro

En este ejemplo se creará una macro con el nombre TodoMayúsculas para seleccionar el documento y cambiar todas las letras en mayúsculas. Además, se le asignará un botón en la barra de herramientas **Estándar**, una opción en el menú **Edición** y la combinación de teclas: **Alt + Ctrl + M**; para esto siga los siguientes pasos:

❱ Seleccione la orden **Macros...** del menú **Herramientas** y se abrirá el cuadro de diálogo **Macro**.

◆ En el recuadro **Nombre de la macro:** digite TodoMayúsculas que es el nombre que se le asignará a la macro.

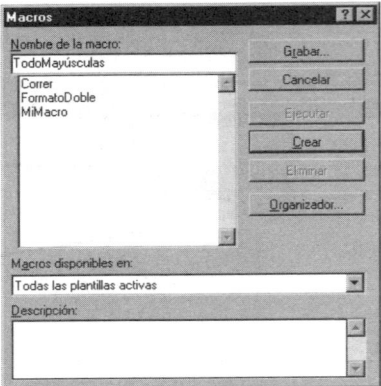

◆ Presione el botón **Grabar...** y se abrirá la ventana de diálogo **Grabar macro**.

◆ En el recuadro **Descripción:** escriba Convierte todo el documento en mayúsculas.

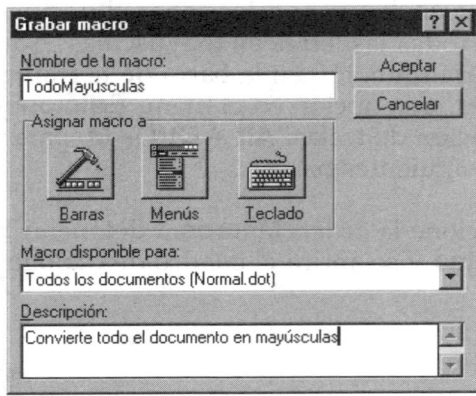

◗ Pulse el botón **Barras** en el área **Asignar macro a** y se abrirá la ventana de diálogo **Personalizar**.

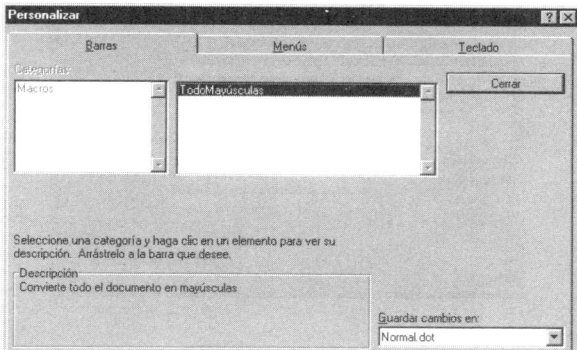

◗ Posicione el puntero del *mouse* sobre el nombre de la macro TodoMayúsculas y arrástrelo hasta la barra de herramientas **Estándar**. Se abrirá la ventana de diálogo **Personalizar botón**.

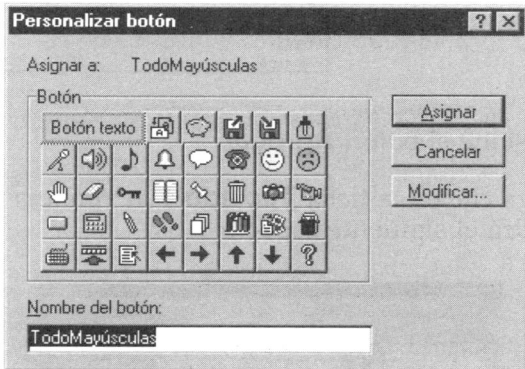

◗ Seleccione con el puntero del *mouse* un botón y pulse el botón **Asignar**.

◗ Oprima la ficha **Menús** del cuadro de diálogo **Personalizar** y ésta cambiará a la siguiente:

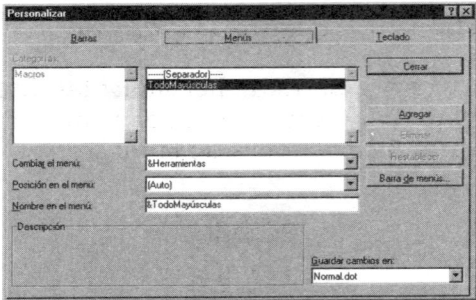

◗ En el recuadro **Cambiar el menú:** seleccione &Edición.

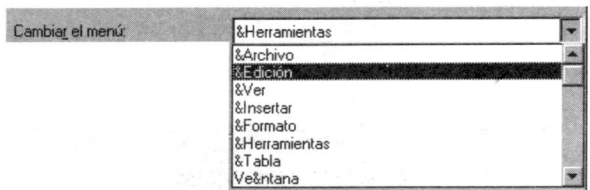

◗ Presione el botón **Agregar**.

◗ Haga clic en la ficha **Teclado** y la ventana tendrá el siguiente aspecto:

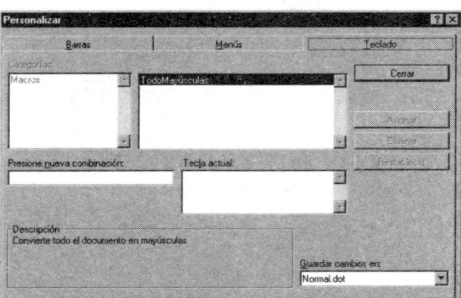

◗ Posicione el punto de inserción en el recuadro
**Presione nueva combinación:** y digite la
combinación de teclas **Alt + Ctrl + M**.

◗ Pulse los botones **Asignar** y **Cerrar**.

◗ ... y aparece la barra de herramientas **Grabar
macro** para indicarle que puede empezar a
grabar las instrucciones de la macro.

◗ Escoja la orden **Seleccionar todo** del menú
**Edición**.

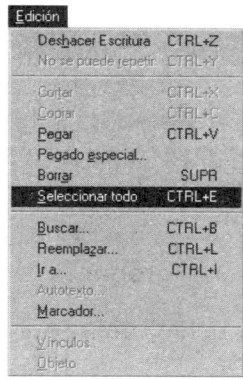

◗ Elija la orden **Cambiar mayús/minús...** del menú **Formato**, aparece el cuadro de diálogo **Cambiar mayús/minús**.

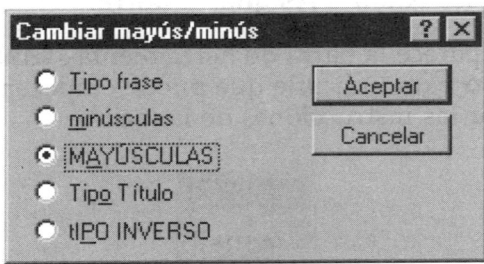

◗ Asegúrese de seleccionar el botón de opción **MAYÚSCULAS**, y pulse el botón **Aceptar**.

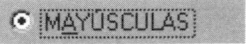

Detener

◗ Presione el botón **Detener** de la barra de herramientas **Grabar macro** para finalizar la grabación de la macro.

◗ Abra un documento existente.

◗ Pulse el botón asignado de la barra de herramientas **Estándar**, TodoMayúsculas.

◗ Otra opción para hacer esta misma tarea es seleccionar la orden **TodoMayúsculas** del menú **Edición**.

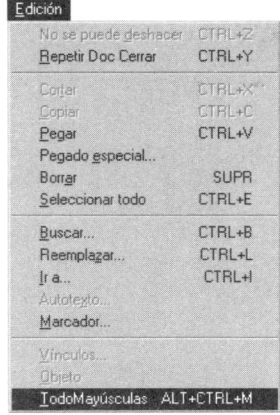

▸ También puede pulsar las teclas **Alt + Ctrl + M**.

Con cualquiera de las tres opciones anteriores el documento tomará este aspecto:

Todo en mayúsculas →

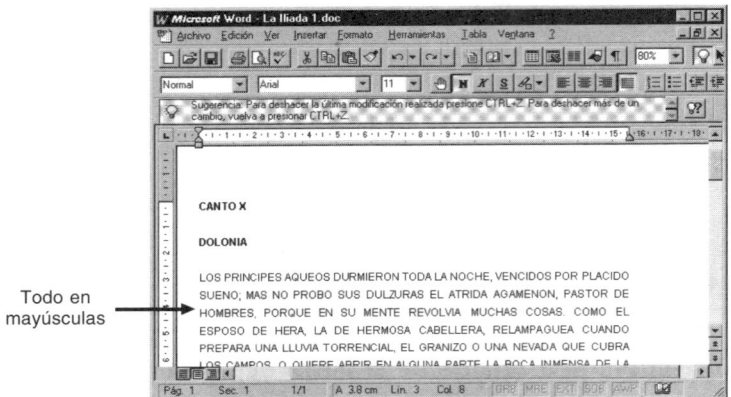

# Botones

## Barra de herramientas Estándar

 **Nuevo**
**A**rchivo, **N**uevo...
**Ctrl + U**
Crea un nuevo documento con plantilla normal.

 **Abrir**
**A**rchivo, **A**brir...
**Ctrl + A**
Abre un documento existente.

 **Guardar**
**A**rchivo, **G**uardar
**Ctrl + G**
Almacena el documento en un archivo.

 **Imprimir**
**A**rchivo, **I**mprimir...
**Ctrl + P**
Imprime el documento activo con los parámetros
actuales de impresión.

 **Presentación preliminar**
**A**rchivo, **P**re**s**entación preliminar
**Ctrl + F2**
Muestra una versión del documento.

**Ortografía**
**H**erramientas, **O**rtografía...
**F7**
Comprueba la ortografía del documento, o parte de éste.

**Cortar**
**E**dición, Co**r**tar
**Ctrl + X**
Lleva una copia del texto u objeto seleccionado al **Portapapeles** y lo elimina del documento.

**Copiar**
**E**dición, **C**opiar
**Ctrl + C**
Lleva una copia del texto u objeto seleccionado al **Portapapeles**.

**Pegar**
**E**dición, **P**egar
**Ctrl + V**
Inserta en el documento el contenido del **Portapapeles** en el punto de inserción.

**Copiar formato**
**Ctrl + Mayús + C** y luego **Ctrl + Mayús + V**
Copia el formato seleccionado en el lugar indicado.

**Deshacer**
**E**dición, **D**eshacer
**Ctrl + Z**
Deshace la última acción.

**Rehacer**
**E**dición, **R**ehacer
**Ctrl + Y**
Rehace la última acción deshecha.

**Autoformato**
**F**ormato, **A**utoformato...
**Ctrl + O**
Da un formato automático al documento.

**Insertar dirección**
Inserta en el documento una dirección de la libreta personal de direcciones.

**Insertar tabla**
**Tabla, Insertar tabla...**
Inserta una tabla en el documento con el número de filas y columnas deseadas.

**Insertar hoja de Microsoft Excel**
**Insertar, Objeto...**
Inserta una hoja de cálculo de Microsoft Excel en el documento de Word.

**Columnas**
**Formato, Columnas...**
Modifica el número de columnas del texto seleccionado, del documento o de una sección.

**Barra Dibujo**
**Ver, Barras de herramientas**
Muestra y oculta la barra de herramientas **Dibujo**.

**Ver u ocultar todos**
**Ctrl + Mayús + ***
Muestra y oculta marcas y símbolos no imprimibles.

**Zoom**
**Ver, Zoom...**
Cambia la escala de visualización del documento.

**Asistente para ideas**
**Ver, Barras de herramientas**
Muestra y oculta el **Cuadro del Asistente para ideas**.

**Ayuda**
**?**
**Mayús+F1**
Muestra ayuda sobre una orden o región de la pantalla.

## Barra de herramientas Formato

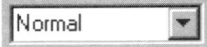

**Estilo**
**Formato, Estilo...**
**Ctrl + Mayús + E**
Aplica un estilo o registra uno.

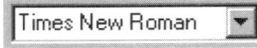

**Fuente**
**Formato, Fuentes...**
**Ctrl + M**
Modifica el tipo de letra del texto
seleccionado.

**Tamaño de fuente**
**Formato, Fuentes...**
**Ctrl + Mayús + M**
Modifica el tamaño de fuente del texto seleccio-
nado.

**Negrita**
**Formato, Fuentes...**
**Ctrl + N**
Aplica el atributo de negrita al texto seleccionado.

**Cursiva**
**Formato, Fuentes...**
**Ctrl + K**
Aplica el atributo de cursiva al texto seleccionado.

**Subrayar**
**Formato, Fuentes...**
**Ctrl + S**
Aplica el atributo de subrayado al texto seleccionado.

**Destacar**
Resalta en un determinado color el texto que
seleccione.

**Alinear a la izquierda**
**Formato, Párrafo...**
**Ctrl + Q**
Alinea el párrafo seleccionado a la izquierda.

 **Centrar**
**Formato, Párrafo...**
**Ctrl + T**
Centra el párrafo seleccionado con respecto a las sangrías.

 **Alinear a la derecha**
**Formato, Párrafo...**
**Ctrl + D**
Alinea el párrafo seleccionado a la derecha.

 **Justificar**
**Formato, Párrafo...**
**Ctrl + J**
Alinea el párrafo actual a izquierda y derecha.

 **Números**
**Formato, Numeración y viñetas...**
Aplica o elimina numeración a la lista seleccionada.

 **Viñetas**
**Formato, Numeración y viñetas...**
Aplica o elimina viñetas a la lista seleccionada.

 **Reducir la sangría**
Disminuye la sangría izquierda en una tabulación.

 **Aumentar la sangría**
Incrementa la sangría izquierda en una tabulación.

 **Barra Bordes**
**Ver, Barras de herramientas...**
Muestra y oculta la barra de herramientas **Bordes**.

## Barra de herramientas Bordes

**Estilo de línea**
**Formato, Bordes y sombreado...**
Modifica el estilo de línea de la selección.

**Sombreado**
**Formato, Bordes y sombreado...**
Modifica el sombreado de la selección.

 **Borde superior**
**Formato, Bordes y sombreado...**
Aplica o elimina los bordes superiores de la selección.

 **Borde inferior**
**Formato, Bordes y sombreado...**
Aplica o elimina los bordes inferiores de la selección.

 **Borde a la izquierda**
**Formato, Bordes y sombreado...**
Aplica o elimina los bordes izquierdos de la selección.

 **Borde a la derecha**
**Formato, Bordes y sombreado...**
Aplica o elimina los bordes derechos de la selección.

 **Borde interior**
**Formato, Bordes y sombreado...**
Aplica o elimina los bordes interiores de la selección.

 **Borde exterior**
**Formato, Bordes y sombreado...**
Aplica o elimina los bordes exteriores de la selección.

**Sin borde**
**Formato, Bordes y sombreado...**
Elimina todos los bordes a la selección.

## Barra de herramientas Base de datos

 **Ficha de datos**
Inserta los datos de una tabla seleccionada en un formulario.

 **Administrar campos**
Agrega, elimina o cambia el nombre de un campo en el registro inicial.

 **Agregar nuevo registro**
Inserta al final de la tabla un nuevo registro.

 **Eliminar registro**
Borra el registro donde está el punto de inserción.

 **Orden ascendente**
Ordena en forma alfabética o numérica los registros, en orden ascendente.

 **Orden descendente**
Ordena en forma alfabética o numérica los registros, en orden descendente.

 **Insertar base de datos**
Inserta información de una base datos en el documento.

 **Actualizar campos**
**F9**
Actualiza los registros en el campo seleccionado.

 **Buscar registro**
Busca los registros especificados en un campo determinado.

**Documento principal**
Cambia a un documento principal de combinación.

## Barra de herramientas Dibujo

**Línea**
Dibuja una línea recta.

**Rectángulo**
Dibuja rectángulos y cuadrados.

**Elipse**
Dibuja elipses y círculos.

**Arco**
Dibuja arcos.

**Forma libre**
Permite dibujar a mano alzada y polígonos.

**Cuadro de texto**
Dibuja un cuadro en donde se puede introducir texto.

**Llamada**
Dibuja un cuadro de llamada.

**Formato de llamada**
Abre la ventana de diálogo **Formato de llamada**.

**Color de relleno**
Modifica el color del relleno de los dibujos seleccionados.

**Color de línea**
Modifica el color de línea de los dibujos seleccionados.

**Estilo de línea**
Cambia el grosor y estilo de línea de los dibujos seleccionados.

**Seleccionar objetos de dibujo**
Selecciona objetos gráficos.

**Hacia adelante**
Coloca el objeto seleccionado adelante de los otros.

**Hacia atrás**
Coloca el objeto seleccionado atrás de los otros.

**Delante del texto**
Coloca el objeto seleccionado adelante del texto.

**Detrás del texto**
Coloca el objeto seleccionado atrás del texto.

**Agrupar**
Une los objetos seleccionados.

**Disgregar**
Separa los objetos agrupados.

**Voltear horizontalmente**
Mueve de izquierda a derecha el objeto seleccionado.

**Voltear verticalmente**
Mueve de arriba a abajo el objeto seleccionado.

**Rotar hacia la derecha**
Rota el objeto 90° a la derecha.

**Volver a dar forma**
Cambia la forma de los polígonos.

**Cerrar en cuadrícula**
Abre la ventana de diálogo **Cerrar en cuadrícula**.

**Alinear objetos de dibujo**
Abre la ventana de diálogo **Alineación**.

**Crear imagen**
Abre una ventana aparte para modificar o crear un dibujo.

**Insertar marco**
**Insertar, Marco**
Inserta un marco vacío en un área determinada o a un objeto seleccionado.

## Barra de herramientas Formulario

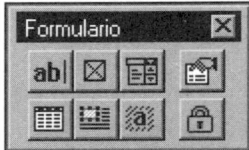

**Campo con texto**
**Insertar, Campo de formulario...**
Inserta un campo de contexto.

**Campo con casilla de verificación**
**Insertar, Campo de formulario...**
Inserta un campo con casilla de verificación.

**Campo con lista desplegable**
**Insertar, Campo de formulario...**
Inserta un campo con lista desplegable.

**Opciones de campos de formulario**
**Insertar, Campo de formulario...**
Modifica las opciones para un campo de formulario.

**Insertar tabla**
**Tabla, Insertar tabla...**
Inserta una tabla en el documento.

**Insertar marco**
**Insertar, Marco**
Inserta un marco vacío en un área determinada o a un objeto seleccionado.

**Sombreado de campo**
Activa y desactiva el sombreado de un campo.

**Proteger formulario**
Protege un formulario de tal forma que no puede modificarse.

## Barra de herramientas Microsoft

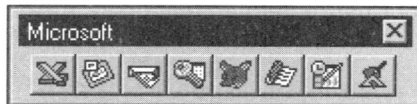

**Microsoft Excel**
Cambia a Microsoft Excel.

**Microsoft PowerPoint**
Cambia a Microsoft PowerPoint.

**Microsoft Mail**
Cambia a Microsoft Mail.

**Microsoft Access**
Cambia a Microsoft Access.

**Microsoft FoxPro**
Cambia a Microsoft FoxPro.

**Microsoft Project**
Cambia a Microsoft Project.

**Microsoft Schedule+**
Cambia a Microsoft Schedule+.

**Microsoft Publisher**
Cambia a Microsoft Publisher.

## Cuadro del asistente para ideas

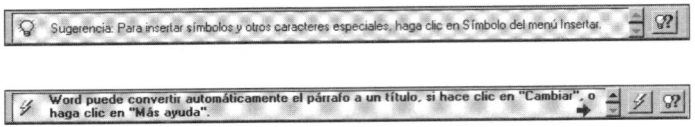

### Cambiar
Deshace el formato automático que se sugiere actualmente en el **Cuadro del Asistente para ideas**.

### Más ayuda
Proporciona una ayuda más detallada acerca de la sugerencia actual.

## Barra de herramientas Esquema

**Aumentar nivel**
**Alt + Mayús + Flecha izquierda**
Asigna a la selección un nivel superior de título.

**Disminuir nivel**
**Alt + Mayús + Flecha derecha**
Asigna a la selección un nivel inferior de título.

**Disminuir a texto independiente**
Aplica estilo normal y convierte títulos en texto independiente.

**Mover hacia arriba**
**Alt + Mayús + Flecha arriba**
Coloca la selección encima del nivel anterior.

**Mover hacia abajo**
**Alt + Mayús + Flecha abajo**
Coloca la selección encima del nivel siguiente.

**Expandir**
**Alt + Mayús + +**
Visualiza el próximo nivel de subtexto de la selección.

**Contraer**
**Alt + Mayús + -**
Oculta el subtexto del nivel más bajo de la selección.

**Mostrar títulos nivel 1**
**Alt + Mayús + 1**
Visualiza los títulos de nivel 1.

**Mostrar títulos nivel 2**
**Alt + Mayús + 2**
Visualiza los títulos de nivel 1 y 2.

**Mostrar títulos nivel 3**
**Alt + Mayús + 3**
Visualiza los títulos del nivel 1 al 3.

**Mostrar títulos nivel 4**
**Alt + Mayús + 4**
Visualiza los títulos del nivel 1 al 4.

**Mostrar títulos nivel 5**
**Alt + Mayús + 5**
Visualiza los títulos del nivel 1 al 5.

**Mostrar títulos nivel 6**
**Alt + Mayús + 6**
Visualiza los títulos del nivel 1 al 6.

**Mostrar títulos nivel 7**
**Alt + Mayús + 7**
Visualiza los títulos del nivel 1 al 7.

**Mostrar títulos nivel 8**
**Alt + Mayús + 8**
Visualiza los títulos del nivel 1 al 8.

**Todo**
**Alt + Mayús + T**
Visualiza todos los niveles de título y el texto independiente.

**Mostrar sólo primera línea**
**Alt + Mayús + L**
Visualiza la primera línea de cada párrafo.

**Mostrar formato**
**/**
Visualiza y oculta los formatos de carácter.

**modo Documento maestro**
**Ver, Documento maestro**
Cambia a presentación de documento maestro.

## Barra de herramientas Encabezado y pie

**Cambiar entre encabezado y pie**
Cambia la posición del cursor entre el encabezado y el pie de página.

**Mostrar el anterior**
Cambia la posición del cursor al encabezado (pie) anterior.

**Mostrar el siguiente**
Cambia la posición del cursor al encabezado (pie) siguiente.

**Igual que el anterior**
Copia el contenido del encabezado (pie) de la sección anterior.

**Números de página**
**Insertar, Fecha y hora...**
Inserta el número de página en la posición del punto de inserción.

**Fecha**
**Insertar, Fecha y hora...**
Inserta la fecha actual en la posición del punto de inserción.

**Hora**
**Insertar, Fecha y hora...**
Inserta la hora actual en la posición del punto de inserción.

**Preparar página**
**Archivo, Preparar página...**
Abre el cuadro de diálogo **Preparar página**.

**Ver u ocultar texto del documento**
Oculta o muestra el texto del documento.

**Cerrar**
Cierra la barra de herramientas **Encabezado y pie**.

## Barra de herramientas Presentación preliminar

**Imprimir**
**Archivo, Imprimir...**
**Ctrl + P**
Imprime el documento activo con las opciones actuales.

**Aumentar**
Cambia la forma del cursor a una lupa para aumentar o disminuir la visualización del documento.

**Una página**
Muestra sólo la página actual del documento.

**Varias páginas**
Permite seleccionar el número de páginas que desea visualizar.

**Zoom**
**Ver, Zoom...**
Cambia la escala de la ventana del documento.

**Ver regla**
Visualiza y oculta la regla.

**Reducir hasta ajustar**
Reduce el documento en una página.

**Pantalla completa**
Muestra sólo el área del documento.

**Cerrar**
Cierra la barra de herramientas **Presentación preliminar**.

**Ayuda**
**?**
**Mayús + F1**
Muestra ayuda sobre una orden o región de la pantalla.

## Barra de herramientas Macro

**Macro activa**
En esta lista puede seleccionar la macro activa para ejecutar con el botón **Comenzar**.

**Grabar**
Activa o desactiva la grabación de macros.

**Grabar comando siguiente**
Graba el siguiente comando ejecutado.

**Comenzar**
Comienza la ejecución de la macro actual.

**Trazar**
Selecciona cada instrucción según se ejecuta la macro.

**Continuar**
Continúa la ejecución de la macro a partir de la posición actual.

**Detener**
Detiene la grabación o ejecución de la macro activa.

**Paso a paso**
Ejecuta la macro paso a paso dentro de las subrutinas.

**Paso a paso todo**
Ejecuta la macro paso a paso sin entrar a las subrutinas.

**Mostrar variables**
Muestra una lista de las variables de la macro activa.

**Agregar o quitar REM**
Agrega o elimina un REM (comentario) al principio de cada línea seleccionada de la macro.

**Macro**
**Herramientas, Macros...**
Abre el cuadro de diálogo **Macro**.

**Dialog Editor**
Abre la aplicación **Dialog Editor**.

## Barra de herramientas Word para Windows 2.0

**Nuevo**
Crea un nuevo documento.

**Abrir**
Abre un documento existente.

 **Guardar**
Guarda el documento.

 **Cortar**
Elimina la selección y la coloca en el **Portapapeles**.

 **Copiar**
Coloca la selección en el **Portapapeles**.

 **Pegar**
Pega el contenido del **Portapapeles** en el punto de inserción.

 **Deshacer**
Deshace la última acción.

 **Números**
Aplica o elimina numeración a la lista seleccionada.

 **Viñetas**
Aplica o elimina viñetas a la lista seleccionada.

 **Reducir la sangría**
Disminuye la sangría izquierda en una tabulación.

 **Aumentar la sangría**
Incrementa la sangría izquierda en una tabulación.

 **Insertar tabla**
Inserta una tabla en el documento con el número de filas y columnas especificado.

 **Columnas**
Modifica el número de columnas del texto seleccionado, del documento o de una sección.

 **Insertar marco**
Inserta un marco vacío al objeto seleccionado.

 **Barra Dibujo**
Visualiza y oculta la barra de herramientas **Dibujo**.

**Insertar gráfico**
Inserta un objeto de **Microsoft Graph**.

**Crear sobre**
Crea formatos para sobres y etiquetas postales.

**Ortografía**
Comprueba la ortografía del documento, o parte de éste.

**Imprimir**
Imprime el documento activo con los parámetros actuales de impresión.

**Una página**
Muestra una sola página del documento actual.

**Zoom 100%**
Cambia la visualización del documento al 100%.

**Zoom ancho de página**
Cambia la visualización del documento al ancho de página.

## Barra de herramientas Word Art

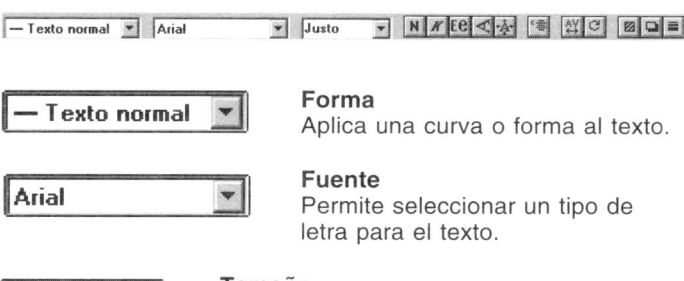

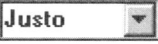
**Forma**
Aplica una curva o forma al texto.

**Fuente**
Permite seleccionar un tipo de letra para el texto.

**Tamaño**
Cambia el tamaño de la letra.

**Negrita**
Añade el atributo de negrita al texto.

**Cursiva**
Adiciona el atributo de cursiva.

**Altura uniforme**
Asigna la misma altura a mayúsculas y minúsculas.

**Voltear**
Cambia la orientación del texto.

**Ajustar**
Ajusta el tamaño del texto, tanto vertical como horizontal, hasta ocupar toda el área destinada para éste.

**Alineación**
Aquí se escoge un tipo de alineación para el texto.

**Espacio entre caracteres**
Establece una distancia entre caracteres.

**Rotación**
Rota y ajusta el texto.

**Sombreado**
Selecciona una trama para el texto.

**Sombra**
Determina un tipo de sombra para el texto.

**Borde**
Selecciona un grosor para el borde del texto.

# A